Biergartenguide 2024

Münchens schönste Biergärten

32 FREIBIER GUTSCHEINE

Beim Kauf einer Maß eine Maß gratis

Coverbild: Seehaus im Englischen Garten
Fotografie: Andrew Walet, www.andrewwalet.com
Eingekleidet durch: Trachten Angermaier

Unser herzlichster Dank gilt dem

Seehaus im Englischen Garten

für die großzügige Bereitstellung ihres Biergartens,
sowie Speis und Trank, für das
Fotoshooting unseres Buchcovers.

Ebenfalls danken wir der Firma

Trachten Angermaier

für die Ausstattung unserer Models auf dem Cover.

10-26

Hintergründe zum Biergart'ln

Woher kommt die Biergartentradition? Warum sind im Biergarten immer Kastanien? Warum ist Weißbier in Bayern so beliebt?
Hier werden Sie zum Biergartenprofi!

30-91

Münchens Biergärten im Detail

Im Sommer gibt es kaum schönere Orte als Münchens Biergärten. Wir zeigen Ihnen die Großen und Bekannten ebenso wie die versteckten Schönen. Alle Details und die Biergutscheine finden Sie hier.

Inhaltsverzeichnis

Servus mitanand

Biergarten steht für Gemütlichkeit und bayerische Tradition. Hier fühlen wir uns wohl und kommen so oft es geht in den Biergarten. Eine kühle Maß, eine frische Brezn - so lässt es sich leben!

Herzlichen Glückwunsch zum Kauf des Biergartenguides. In diesem Buch steckt weitaus mehr, als nur ein paar bunte Seiten Papier, sogar mehr als nur hilfreiche Informationen und nützliche Insidertips – Sie haben sich eine „gute Zeit" gekauft.

Lassen Sie sich treiben und inspirieren von den Emotionen, die Ihnen auf den nächsten Seiten vermittelt werden. Freuen Sie sich auf den Sommer, auf bayerische Schmankerl und kühles Bier.

Wir sind uns sicher, dass Sie beim Durchstöbern dieses Guides und beim Einlösen der Biergutscheine viel Spaß haben werden. Entdecken Sie zusammen mit Freunden und Bekannten bislang unbekannte Biergärten.

Kultur lebt davon, von Menschen zelebriert und fortgeführt zu werden – so auch die bayerische Biergartenkultur. Seien Sie ein Teil davon! Packen Sie Ihren Picknickkoffer mit leckeren Schmankerln sowie der obligatorischen karierten Tischdecke und erkunden Sie Münchens Biergärten.

Wir wünschen Ihnen einen tollen Sommer mit reichlich Biergartenwetter. Und jetzt: Geht's raus und habt Spaß...
mir sehn uns im Biergarten.

Prost
Thomas & Markus

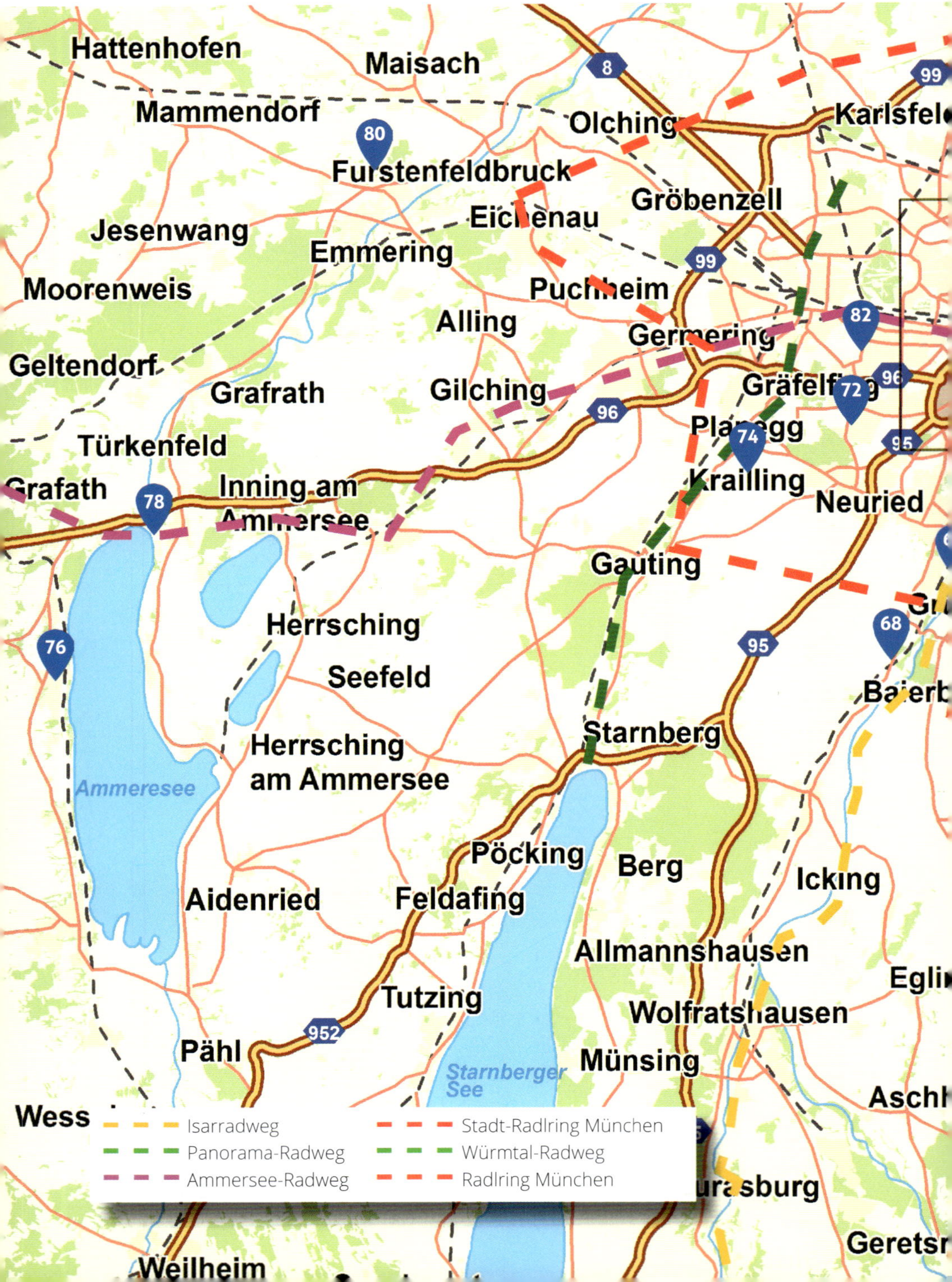
Hattenhofen
Maisach
Mammendorf
Olching
Karlsfel
Fürstenfeldbruck
Gröbenzell
Jesenwang
Eichenau
Emmering
Moorenweis
Puchheim
Alling
Germering
Geltendorf
Grafrath
Gilching
Gräfelfing
Planegg
Türkenfeld
Krailling
Neuried
Grafath
Inning am Ammersee
Gauting
Herrsching
Seefeld
Baierb
Starnberg
Herrsching am Ammersee
Ammeresee
Pöcking
Berg
Icking
Aidenried
Feldafing
Allmannshausen
Egli
Tutzing
Wolfratshausen
Pähl
Münsing
Starnberger See
Wess
Aschh
Geretsr
Weilheim
Isarradweg
Panorama-Radweg
Ammersee-Radweg
Stadt-Radlring München
Würmtal-Radweg
Radlring München
8
99
80
82
96
72
74
95
78
76
68
952

weiter bis Freising
und zum Flughafen
Finsing
Bachleiten
Speichersee
Kirchheim
bei München
Aschheim
Feldkirchen
siehe Seite 6-7
ÜNCHEN
Vaterstett
Haar
Neubiberg
Ottobrunn
Unterhaching
Zorned
Taufkirchen
Hohenbrunn
Oberhaching
Höhenkirchen
Oberp
Adling
Sauerlach
Glonn
Assling
Aying
Holzkirchen
Feldkirchen
Otterfing
Valley
Bruckmühl
Bad
Aiblin
Weyarn
weiter bis Schliersee
Irschenberg
Dietramszell
Auf dieser Karte:
S.34 Mini Hofbräuhaus
S.36 Feringasee Seegarten & Beachclub
S.38 Finsinger Alm
S.40 Bräustüberl Weihenstephan
S.42 Airbräu München
S.44 Zum Fidschi
S.46 Franziskaner Garten
S.48 Forschungsbrauerei
S.50 Wirtshaus Leiberheim
S.52 Ayinger Bräustüberl
S.54 Zum Wofen
S.62 Harlachinger Einkehr
S.64 Gasthof Hinterbrühl
S.66 Waldwirtschaft
S.68 Waldgasthof Buchenhain
S.72 Waldheim
S.74 Alter Wirt Krailling
S.76 Alte Villa Utting
S.78 Seehaus Schreyegg
S.80 Fürstenfelder
S.82 Prinzregent-Garten

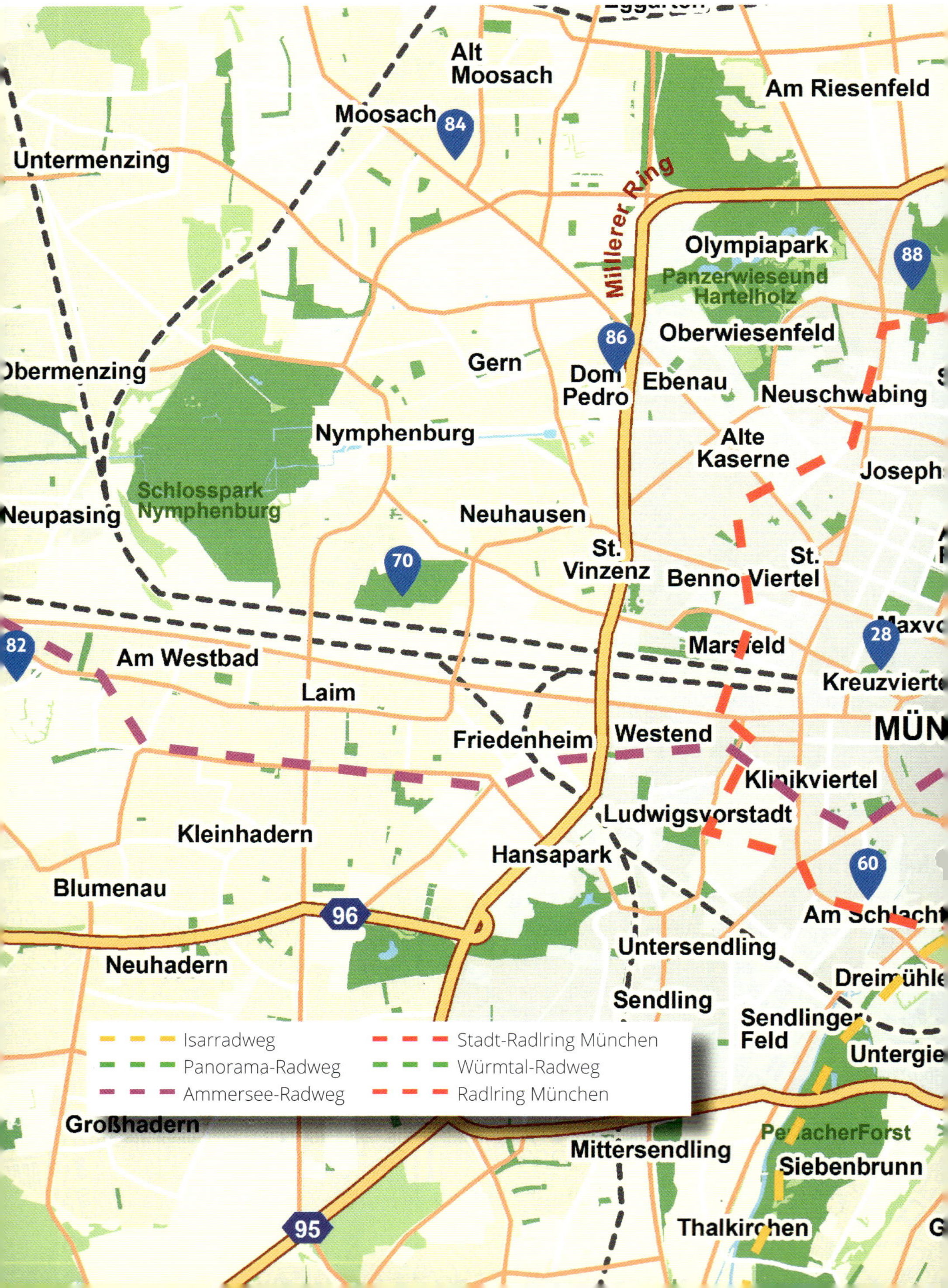

Alt Moosach
Am Riesenfeld
Moosach
84
Untermenzing
Mittlerer Ring
Olympiapark
88
Panzerwiese und Hartelholz
86
Oberwiesenfeld
Obermenzing
Gern
Dom Pedro
Ebenau
Neuschwabing
Nymphenburg
Alte Kaserne
Joseph
Schlosspark Nymphenburg
Neupasing
Neuhausen
St. Vinzenz
70
St. Benno Viertel
82
Am Westbad
Marsfeld
28
Kreuzviertel
Laim
Friedenheim
Westend
Klinikviertel
Ludwigsvorstadt
Kleinhadern
Hansapark
60
Blumenau
96
Untersendling
Neuhadern
Dreimühle
Sendling
Sendlinger Feld
Isarradweg
Stadt-Radlring München
Panorama-Radweg
Würmtal-Radweg
Ammersee-Radweg
Radlring München
Großhadern
Mittersendling
Siebenbrunn
Thalkirchen
95

Auf dieser Karte:
S.28 Park Café
S.30 Seehaus im Englischen Garten
S.32 Hirschau
S.34 Mini Hofbräuhaus
S.56 Falke23
S.58 Hofbräukeller
S.60 Paulaner Bräuhaus
S.70 Königlicher Hirschgarten
S.82 Prinzregent-Garten
S.84 Alter Wirt Moosach
S.86 Die Wally
S.88 Bamberger Haus
S.90 Wintergarten am Elisabethmarkt
Nord
9
Alte
Heide-Hirschau
34
Oberföhring
Biederstein
32
30
90
Herzogpark
Englischer
Garten
Kleinhesselohe
alten nördlichen
Denning
Daglfing
Schönfeldvorstadt
Altbogenhausen
Parkstadt
Bogenhausen
Graggenauviertel
Steinhausen
94
Lehel
58
Maximilianeum
Am Moosfeld
Au-Haidhausen
Berg am
Laim
Untere Au
56
Trudering
Obere Au
Neutruderin
Ramersdorf
Gartenstadt
Trudering
OstPark
Millerer Ring
Obergiesing
Balanstraße-West
Perlach
Neuperlach

Biergarten-Radtouren

Fahrradfahren hat Stil, ist gesund, klimafreundlich – und zudem das beste Verkehrsmittel zum Biergarten und wieder nach Hause.

ISARRADWEG

Der Isarradweg ist insgesamt 290 km lang und führt von der Isarquelle im Karwendelgebirge bis zur Mündung der Isar in Donau. Im Süden Münchens führt der Weg durch das Isartal, dessen Hochufer mit herrlichen Biergärten gesäumt ist. Entlang des Flauchers, vorbei am Tierpark, nähern sich die Radler in Richtung Norden der Stadt. Innerhalb Münchens geht es vorbei am Deutschen Museum über den Englischen Garten weiter nach Bogenhausen.
Es ist der wohl schönste Radweg Münchens und ein Muss für jeden Münchner, Zuagroasten und Touristen.

PANORAMA-RADWEG

Der Panorama-Radweg erstreckt sich über insgesamt 69 km und führt von Münchens Stadtzentrum – Ausgangspunkt Ludwigsbrücke am Deutschen Museum – entlang einer eleganten Route durch die Stadtviertel im Münchner Osten hinaus bis nach Wasserburg am Inn. Der Radweg verläuft in München auf verkehrsarmen Nebenstraßen. Weiter außerhalb führt die Route über Feld- und Forstwege sowie asphaltierte Radwege. Entlang des Radweges laden zahlreiche Biergärten, Gaststätten und Straßencafés zu einem Zwischenstopp ein.
Fazit: Ein lohnenswertes Ausflugsziel, vor allem ab Trudering.

AMMERSEE-RADWEG

Der Ammersee-Radweg erstreckt sich auf einer Gesamtlänge von 96 km, vom Stadtzentrum (Ludwigsbrücke am Deutschen Museum) bis zum Endpunkt in Bad Wörishofen. Nach 43 km ist der Ammersee erreicht. Bis dahin lohnt auf jeden Fall eine kleine Rast in einem der Biergärten am Wegrand.
Der Radweg führt entlang der Straßen des Münchner Westens und lohnt eher aufgrund der Biergärten auf dem Weg und des Ziels Ammersee.

WÜRMTAL-RADWEG

Auf ca. 35 km schlängelt sich der Würmtal-Radweg entlang der malerischen Würm von Dachau bis an ihren Ursprung, den Starnberger See.
Unterwegs geht es an herrlich gelegenen Biergärten vorbei, durch den Pasinger Stadtpark und vorbei an bekannten Sehenswürdigkeiten wie der Blutenburg in Obermenzing.
Besonderes Highlight: das romantische Tal südlich von Gauting und die aussichtsreiche Abfahrt hinab nach Starnberg, von wo aus es für Radlfaule mit der S6 wieder zurück nach München geht.

RADLRING MÜNCHEN

Der Radlring München verbindet auf ca. 135 km Länge die Städte und Gemeinden des Münchner Umlandes miteinander – und somit auch eine ganze Reihe von Ausflugsbiergärten.
Der Radlring ist – niemanden wird es wirklich verwundern – ein Ring, wodurch Anfangs- und Endpunkt frei gewählt werden können. Zudem lässt sich diese Strecke auch gut mit den anderen vier beschriebenen Radtouren kombinieren. Sollten die Beine vom vielen In-die-Pedale-Treten doch mal schwer werden, bringen Bus und Bahn die Ausflügler von den zahlreichen Haltestellen unterwegs wieder gen Heimat.

STADT-RADLRING MÜNCHEN

Der Stadt-Radlring München ist kein offizieller Radweg, wie die anderen beschriebenen Routen. Er führt jedoch ausschließlich auf Radwegen durch München und verbindet einige der schönsten und sehenswertesten Ecken der Stadt.
Die interessante Route verläuft entlang der Isar, durch den Südteil des Englischen Gartens und Schwabing, durch die Maxvorstadt Richtung Theresienwiese und wieder zurück an die Isar – ein echtes Radlschmankerl.

Bayerns Biergartenkultur

Seit 200 Jahren genießt man im Freistaat die Maß Bier am liebsten mit einer Brotzeit im Freien unter Kastanien.

So sieht er aus, der perfekte Biergartenbesuch: Bier, Radi, Obazda und Brezn in heiterer Gesellschaft.

Wenn ein Mensch auf der Suche nach Glückseligkeit die Welt umrundet, wird er unweigerlich von der Gravitation des größten Dorfes der Welt aufgesogen. Unter weiß-blauem Himmel bei strahlendem Sonnenschein, ein Blätterdach über dem Kopf, gekühlt von oben und von innen. Wenn man sich ihm nähert, hört man von weitem das Rauschen der Stimmen, das Klirren der Krüge wird immer lauter und dann, ja dann steht man inmitten der Brandung der Schaumkronen, im Meer der Bier- und Glückseligkeit, im Epizentrum des bajuwarischen Lebensgefühls: dem Biergarten.

BAYERISCHE BRAUORDNUNG – STEIN DES ANSTOSSES

Diese urgemütliche Institution haben die Münchner der bayerischen Brauordnung aus dem Jahre 1539 zu verdanken. Diese besagte, dass es nur zwischen dem Festtag des heiligen Michael am 29. September und dem Ehrentag des heiligen Georg am 23. April erlaubt war, Bier zu brauen. Im Hochsommer war die

Herstellung zu gefährlich, da durch das Sieden Brände ausgelöst werden konnten. Die Brauer mussten ihr Bier also auf Vorrat herstellen, daher auch das besonders stark gehopfte und längerlebige „Märzenbier" im Monat März Doch die Frage aller Fragen blieb: Wie bringt man das Bier über den Sommer – ohne einen Kühlschrank, der leider noch nicht erfunden war?

BIERKELLER ZUR KÜHLUNG

Die Lösung fanden die gewieften Brauer in unterirdischen Bierkellern. Dies kann man noch an Namen wie Salvatorkeller, Hofbräukeller und Löwenbräukeller erkennen.

Im Winter wurden fortan große Vorräte an Bier angelegt, die über den Sommer verkauft werden konnten. Doch ganz so einfach war es dennoch nicht. Die kühle Luft des Kellers reicht nicht aus, um das Gebräu unbeschadet über den Sommer zu bekommen. Um für zusätzliche Kühlung zu sorgen, wurden im Winter aus Bächen und Flüssen große Stücke Eis geschnitten und zur Kühlung in die Keller gebracht.

DIE KASTANIE

Um das Eis so lange wie möglich vor dem Schmelzen zu bewahren, pflanzten die Brauer schattenspendende Bäume. Die einheimische Kastanie mit ihren großen Blättern war dafür genau der richtige Baum. Weil sie nur flache Wurzeln bilden, hatten die Kastanien außerdem den Vorteil, dass sie die Kellergewölbe nicht beschädigten.

So bahnte sie sich an, die Liebesbeziehung zwischen dem Baum und dem Bier. Die Kastanie wurde zur Biergartenbaumart schlechthin erkoren.

Der Biergarten ist eine gesellige Angelegenheit.

UND LOS GEHT'S...

Somit war alles gerichtet für die Besucher. Und die kamen zuhauf, als die Brauer beschlossen, das Bier im Sommer direkt über dem Keller zu verkaufen. Es wurden einfach Tische über dem Keller aufgestellt, fertig war das Wirtshaus im Freien.
Naja, ganz so einfach war es dann doch nicht. Die Brauer hatten die Rechnung ohne die Wirte gemacht. Die Wirtshausbesitzer protestierten vehement gegen die neue Konkurrenz im Grünen. Ihnen blieben dadurch in der Stadt die Gäste aus. Außerdem sollten die Brauer ihr Bier doch an die Wirte und nicht billig an die Gäste verkaufen. Ein Skandal in deren Augen.

KÖNIG MAXIMILIAN I. – SCHÖPFER DER BIERGÄRTEN

Schlichten musste den Streit kein Geringerer als seine Majestät höchstpersönlich: König Maximilian I. Der Kompromiss war folgender: Die Bierbrauer durften weiter ihr Bier verkaufen, allerdings kein Essen anbieten. Festgeschrieben per Dektret am 4. Januar 1812. Essen durfte nur in den altgedienten Wirtshäusern angeboten werden. Beide Parteien waren zufrieden – und der Biergarten geboren.

Das Weißbier

Fruchtig und spritzig ist der Geschmack, königlich die Herkunft – das Weißbier hat eine bewegte Historie.

Lange Zeit war es verboten, aus Weizen Bier zu brauen.

Weißbier ist wohl das bayerischste aller Biere und war hier schon in früheren Jahrhunderten beliebt. Bürgerliche und adelige Braumeister machten sich dabei Konkurrenz. Das änderte sich schlagartig, als das bayerische Herrscherhaus 1567 das Brauen von Weizenbier verbot. Die Begründung war fadenscheinig: Es sei „ein unnützes Getränk, das weder führe noch nähre, noch Kraft und Macht gäbe, sondern nur zum Trinken reize". In Wahrheit sollte der kostbare Weizen nicht weiter zum Bierbrauen verwendet werden.

Eine Ausnahme machte der bayerische Herzog nur beim niederbayerischen Geschlecht der Degenberger, denen er bereits 1529 das Recht verliehen hatte, aus Weizen Bier zu brauen. Als der letzte Sohn des Geschlechts 1602 starb, fiel das Recht, Weizenbier zu brauen, an das bayerische Herrscherhaus unter Maximilian I. zurück.

1605 wurde in München – an dem Ort, wo heute das weltberühmte Hofbräuhaus steht – das Weisse Bräuhaus gegründet. Hier ließ Herzog Maximilian das Weizenbier nun selber brauen und verkaufen.

DIE BAYERISCHEN KURFÜRSTEN ALS BRAUHERREN

1623 avancierte Herzog Maximilian zum Kurfürsten. Für seinen aufwändigen Hofstaat waren die Gewinne des Weissen Bräuhauses unentbehrlich. Um weitere Geldquellen zu erschließen, kam der clevere Wittelsbacher auf die Idee, Verträge mit den Münchner Wirten einzugehen. Diese wurden verpflichtet, neben dem bürgerlichen Braunbier auch das hochherrschaftliche Weizen auszuschenken. Gehorchten sie nicht, wurde ihnen das Wirtsrecht entzogen. Die Nachkommen Maximilians I. hielten „aus gewichtigen Ursachen" für andere Stände das Verbot aufrecht, aus Weizen Bier zu brauen. Die Herstellung von Weißbier wurde zum „Regal": zum wirtschaftlich nutzbaren Ho-

Die Kunst, ein Weißbier einzuschenken

Wer schon einmal versucht hat, ein Weizen einzuschenken, der weiß, dass dieses Bier ein überschäumendes Temperament entwickeln kann.

Zunächst braucht man die typischen Weißbiergläser, denn nur aus ihnen schmeckt das Weißbier richtig gut. Sie sind hoch und leicht geschwungen. Deshalb kann die Kohlensäure im Weizen beim Einschenken eine schöne Schaumkrone entwickeln. Wie bei anderen Biersorten auch, sollte das Glas vor dem Einschenken mit klarem Wasser ausgespült werden.

Die Flasche wird schräg zum Glas gehalten, dann wird das Weizenbier eingeschenkt, bis die Schaumkrone den Rand erreicht hat. Anschließend wird das Bier eine Weile stehen gelassen, bis sich der Schaum abgesetzt hat. Dann kann vorsichtig nachgegossen werden, um die Schaumkrone zu erhalten – et voilà – fertig ist das perfekte Weißbier. Prost!

Ein voller Erfolg: Weißbier mit perfekter Schaumkrone

heitsrecht des bayerischen Herrscherhauses. Sehr zum Verdruss der bürgerlichen Braunbierbrauer entstanden überall kurfürstliche Brauhäuser. Und die Untertanen ließen sich ihr Weizenbier, das angeblich so „unnütz" war, schmecken.

DAS WEISSBIER WIRD BÜRGERLICH

Mitte des 18. Jahrhunderts kam das kurfürstliche Weißbier dann eine Weile aus der Mode. Die bürgerlichen Brauer hatten ihre Methoden, Braunbier herzustellen, entscheidend verbessern können. Dieses Bier schmeckte den Bayern noch besser als das Weizen aus den Hofbräuhäusern. Weizenbier wurde so wenig getrunken, dass es als Einnahmequelle für das Herrscherhaus nichts mehr hergab.

Als großzügige Geste gegenüber seinen Untertanen verzichtete dieses auf sein Privileg. Das Recht, Weizenbier zu produzieren, wurde auf alle Brauer im Lande ausgedehnt.

ERFRISCHENDER GENUSS VON HEUTE

Der Erfolg von heute würde selbst die geschäftstüchtigen Wittelsbacher neidisch machen: Etwa sechs Millionen Hektoliter Weizenbier werden heute jährlich allein im Lebensmitteleinzelhandel und in Abholmärkten verkauft. Weizenbier muss mindestens 50 Prozent Weizenmalz enthalten. Da es bei der Lagerung hoch gespundet wird, verfügt es über relativ viel Kohlensäure. Dies und der fruchtige Geschmack machen dieses Bier so erfrischend. Deshalb ist es im Sommer besonders beliebt, wenn Jung und Alt in Biergärten und auf Restaurant-Terrassen zusammenkommen.

[Quelle: Deutscher Brauer Bund]

Die Weißwurst

Eine Ikone der bajuwarischen Lebenskultur, serviert mit einem Weißbier und süßem Senf, die Weißwurst.

Dürfen das Zwölf-Uhr-Läuten nicht erleben: Weißwürste werden vormittags gegessen.

Faschingssonntag, der 22. Februar 1857. Im Gasthof „Zum ewigen Licht“ am Münchner Marienplatz setzt der Wirt Sepp Moser wie jeden Morgen Wasser auf, um seine begehrten Kalbsbratwürste herzustellen. Doch als er das Brät in die Wursthäute füllen will, muss er feststellen, dass ihm die Schafssaitlinge, die er zu diesem Zweck verwendet, ausgegangen sind. Nun ist guter Rat teuer, zumal sich das Wirtshaus bereits mit Frühschoppen-Gästen füllt. Immerhin hat Moser noch Schweinsdärme vorrätig und behilft sich einfach damit. Allerdings verzichtet er darauf, die gekochten Würste wie gewohnt anzubraten, sondern bietet sie seiner Kundschaft in einer Terrine an. Und siehe da, die Gäste sind begeistert – die Geburtsstunde der original Münchner Weißwurst.

WAHRHEIT ODER LEGENDE?

Ob es sich tatsächlich so verhalten hat, ist bis heute nicht geklärt. Und ebenso wie über die Entstehung der Weißwurst scheiden sich auch im Hinblick auf die korrekte Essweise die Geister: Wird die Weißwurst nun gezuzelt oder darf man Messer und Gabel zu Hilfe nehmen? Und bedarf es dann eines Kreuzschnitts oder ist auch ein Längsschnitt erlaubt?
Unstrittig ist allerdings die Beilagen-Frage: Zu

München ist die Gebrutsstätte der Weißwurst

Die Weißwurst-Hymne (1. und 2. Strophe)

Du Königin im Wurstrevier,
Du schön gekurvte Tellerzier,
Laß dir den weißen Hermelin
Von deinen zarten Schultern ziehn!

So zeigt sich erst dein ganzer Charme.
Dein sanfter Atem fächelt warm
Grün schimmert's durch (als wir am Nil),
Dies Grüne, das ist Petersil.

(Der Münchner „Turmschreiber" Herbert Schneider zum 100. Geburtstag der Weißwurst)

einer Weißwurst gehören Breze, süßer Senf – und natürlich ein Weißbier!
Und dann gibt es da noch weitere eherne Gesetze, die Weißwurst betreffend: Weißwürste bestellt man niemals paar-, sondern immer stückweise. Aus dem Wurstkessel sollten die Würste dampfend auf den Tisch kommen, nachdem sie zuvor etwa zehn Minuten in rund 75 Grad heißem Wasser erwärmt wurden.

DER WEISSWURSTÄQUATOR

Der Weißwurstäquator ist die Bezeichnung für eine gedachte Kulturgrenze zwischen den Genießern der weißen Brühwürste, vom Rest der Nation und verläuft entlang des 49. Breitengrads. Fälschlicherweise halten manche Leute die Donau mit ihrem Verlauf für den Weißwurstäquator, was allerdings Teile Niederbayerns, der Oberpfalz und Oberbayerns ausschließt. Eine weitere Alternative ist der Verlauf des Main, welcher auch als nördliche Weißwurstgrenze bekannt ist. Allerdings ist das ein „Schmarrn" wie man in Bayern so schön sagt. Eine weitere diskutierte Alternative ist ein 100 km Radius um München als Grenze. Aber dieser Vorschlag entlarvt jeden als „Dilettant". Das Schöne an Bayern ist, dass wir sehr tolerant sind und im Biergarten viel Zeit zum „kokettieren" haben. Also viel Spaß beim Erörtern der verschiedenen Optionen.

Traditionell werden Weißwürste im heißen Wasser liegend serviert.

Das Reinheitsgebot

Das älteste heute noch gültige Lebensmittelgesetz der Welt – seit gut 500 Jahren wird Bier aus Hopfen, Malz und Wasser hergestellt.

Wasser, Hopfen und Gerstenmalz sind die einzigen erlaubten Inhaltsstoffe des Bieres. Die Wirkung von Hefe war nicht bekannt und ist daher nicht im Ursrprungstext enthalten.

Das Reinheitsgebot ist die älteste heute noch gültige lebensmittelrechtliche Vorschrift der Welt. Zugleich ist es der Höhepunkt einer sich über mehrere Jahrhunderte hinweg erstreckenden rechtlichen Entwicklung in Deutschland, bei der es den jeweiligen Obrigkeiten und Instanzen darum ging, durch entsprechende Verordnungen die Qualität des Bieres, einem Hauptnahrungsmittel der Bevölkerung, zu verbessern. Wir möchten Sie hier durch die spannende Entwicklungsgeschichte führen.

AUGSBURG 1156

Kaiser Barbarossa gab im Jahre 1156 der Stadt Augsburg eine neue Rechtsverordnung, die berühmte „Justitia Civitatis Augustensis", die das älteste deutsche Stadtrecht darstellt. Und schon darin ist vom Bier die Rede:

„Wenn ein Bierschenker schlechtes Bier macht oder ungerechtes Maß gibt, soll er gestraft werden…"
Die Strafe war übrigens schwer und betrug 5 Gulden. Beim dritten Verstoß wurde dem brauenden Wirt die Lizenz entzogen.

MÜNCHEN 1363

Um die Qualität des Bieres kümmerten sich schon 1363 auch die Münchner. Sie übertrugen 12 Mitgliedern des Stadtrates die Bieraufsicht. Und im Jahre 1447 verlangten sie von den Brauern ausdrücklich, dass sie zum Bierbrauen nur Gerste, Hopfen und Wasser verwenden dürfen „…und sonst nichts darein oder darunter tun oder man straffe es fuer valsch".
Herzog Albrecht IV. bestätigte 40 Jahre später diese Forderung des Münchner Stadtrates, denn er hatte erfahren, dass im Norden Deutschlands das Biergeschäft vor allem deshalb blühte, weil die dortigen Zünfte dafür sorgten, dass gutes Bier gebraut wurde.

BAYERISCHES REINHEITSGEBOT VOM 23. APRIL 1516

Im April 1516 trat der Bayerische Landständetag unter dem Vorsitz von Herzog Wilhelm IV. in Ingolstadt zusammen. Dieses Gremium billigte eine vom Herzog vorgelegte Vorschrift – und machte sie damit für ganz Bayern verbindlich –, dass zur Herstellung des Bieres nur Gerste, Hopfen und Wasser verwendet werden dürften.

Die Klarstellung, dass es sich um Gerstenmalz zu handeln habe, wurde später eingefügt. Von der Wirkung von Hefe wusste man damals noch nichts. Dennoch ist der Grundtext kontinuierlich in neueren Gesetzen fortgeschrieben worden, deren Wirkungsbreite sich immer weiter ausdehnte.

Deutsches Bier muss in der Bundesrepublik Deutschland laut Gesetz auch heute noch ausschließlich aus Malz, Hopfen, Hefe und Wasser

↑ *Hopfendolden, die dem Bier die Würze und das Aroma verleihen*

hergestellt werden. Damit ist das Reinheitsgebot von 1516 die älteste noch heute gültige Lebensmittelgesetzgebung der Welt.

Mit dieser Vorschrift wurde Verfälschungen vorgebeugt, vor allem aber chemische oder andere Zusätze ausgeschlossen. Denn bevor man Hopfen zur Konservierung und als Aromaspender in der Bierbrauerei einsetzte, wurden alle möglichen anderen Kräuter

Der Maibaum am Viktualienmarkt trägt Schilder zur Erinnerung an den Erlass des Münchner Reinheitsgebots, ebenso der Augustiner Kronkorken mit dem Wappen des Vereins Münchner Brauereien.

Wortlaut des Reinheitsgebotes

„Wie das Bier im Sommer und Winter auf dem Land ausgeschenkt und gebraut werden soll": So lautet der Titel der Verordnung, die Wilhelm IV., Herzog in Bayern, im April 1516 dem Bayerischen Landständetag in Ingolstadt vorgelegt hat. Das Gremium billigte die Vorschrift, die seither unter dem Namen „Reinheitsgebot" bekannt ist.

zum Würzen verwendet. Manche davon waren ausgesprochen giftig und konnten Halluzinationen bei den Biertrinkern erzeugen. Was kam alles hinein? Ochsengalle, Wacholder, Gagel, Schlehe, Eichenrinde, Wermut, Kümmel, Anis, Lorbeer, Schafgarbe, Stechapfel, Enzian, Rosmarin, Rainfarn, Johanniskraut, Fichtenspäne, Kiefernwurzeln, vor allem aber Bilsenkraut.

Das Reinheitsgebot von 1516 hat auch heute nichts von seiner Aktualität eingebüßt. Denn es garantiert in einer Zeit, in der andere Lebensmittel oft negative Schlagzeilen machen, einen wirksamen Verbraucherschutz: Deutsches Bier enthält keine künstlichen Aromen und keine Zusatzstoffe – nur Malz, Hopfen, Hefe und Wasser.

DEUTSCHES REINHEITSGEBOT 1906

Nach der deutsche Reichsgründung 1871 haben auch andere Staaten ähnliche Regelungen übernommen. Ab 1906 galt das Bayerische Reinheitsgebot in abgewandelter Form im gesamten Reichsgebiet. Es wurde im Biersteuergesetz verankert, in dem es heißt, dass Bier nur aus Malz, Hopfen, Hefe und Wasser hergestellt werden darf.

HEUTIGE GESETZGEBUNG

Nach verschiedenen Fortschreibungen des Gesetztestextes findet das Reinheitsgebot in der heutigen Bundesrepublik Deutschland seine rechtliche Begründung im vorläufigen Biergesetz.

[Quelle: Deutscher Brauer Bund]

Der Obatzte

Eine Maß, eine große Brezn und dazu an Obazda – oh, du glückliche bayerische Seele!

Tradtitionell mit Zwiebeln und Schnittlauch oder modern mit Salzstangen ein Genuss

Der „Obatzte" – wie er quasi auf Hochdeutsch genannt wird – ist tief in der bayerischen Brotzeitkultur verankert. Der Name leitet sich von der Herstellung ab: „Obazn" heißt „anrühren, anmachen", wobei der „Baz" – weiche Masse – auf die Konsistenz der Käsecreme verweist.

DIE ZUBEREITUNG

Obazda ist ein relativ einfaches Gericht: Ein waschechter Bayer entrindet reifen Camembert; dieser wird mit ein wenig schaumig gerührter Butter und einer fein geschnittenen Zwiebel vermischt. Pfeffer, Salz und reichlich Paprika geben die nötige Würze. Ein paar Löffel Bier machen den Käse noch cremiger. Schnittlauch drüber und Brezn dazu – fertig.

IRRUNGEN UND WIRRUNGEN

Die Sache könnte so einfach sein, gäbe es da nicht Menschen, die den kräftigeren Limburger oder Romadur präferieren. Kümmel rein oder nicht? Quark und Frischkäse für eine feine, milde Note? Naja, jedenfalls bitte keinen Wein, wie es die Franken angeblich machen.

Ein Tipp: Obazda sollte am Tag der Zubereitung gegessen werden, da die Zwiebel sonst einen bitteren Geschmack entwickelt.

Junge Münchner Biere

Münchens Bierkultur hat sich über die letzten Jahre verändert. Sogenante Craft Bier Brauereien entstehen in unserer Stadt.

Münchner oder nicht? Das ist hier die Frage. Das Bier spricht eine eindeutige Sprache.

TILMANS BIERE

Tilman Ludwig ist ein waschechter Münchner, der seine Ausbildung zum Braumeister an der TUM Weihenstephan gemacht hat, und das traditionelle Münchner Hell neu erfinden will. Er verwendet fruchtig, frische Aromahopfen für sein Helles. Das Bier hat eine leichte Note von Zitrusfrüchten und schmeckt hopfig und frisch. Der Geschmack erinnert ein wenig an die amerikanischen Pale Ales. Neben dem Hellen braut der Jungunternehmer ein Weißbier, ein Dunkles und ein Brown Ale. Sau lecker und einfach anders!

Autodidakt, Selbstverwirklicher, Rebellen der Braukunst!

CREW REPUBLIC

Die Gründer von Crew Republic sind Unternehmensberater, die nach einer Weltreise zurückkamen und in einem 2 Tageskurs Bierbrauen lernten. Kann so die Geschichte einer jungen, erfolgreichen Brauerei beginnen? Ja, sie kann. Crew Republic braut Biere die vor Aroma und Geschmack strotzen. Es wird von fruchtig leichten Bieren wie dem Detox, über das Easy mit leichten Grapfruit und Zitrus Noten, bis zu den deftigeren dunklen Bieren viele verschiedene Arten gebraut. Die Crew Republic Biere sind immer voller Geschmack und Aromen.

Was bedeutet Craft Bier?

Eine genaue bzw. einheitliche Definition dafür gibt es nicht. Im Grunde handelt es sich bei Craft Beer um handwerklich gebrautes Bier, bei dem hochwertige Zutaten, unkonventionelle Geschmacksrichtungen und das Wiederbeleben alter Brau-Traditionen im Fokus stehen. Der Geschmack wird überwiegend durch hochwertige Aromahopfen erzielt. Dadurch entstehen Biere mit sehr verschiedenen und teils sehr intensiven Geschmacksrichtungen die nach dem Reinheitsgebot gebraut sein können.

Jung, frech, dynamisch, hopfig... Munich Brew Mafia ist einfach anders!

Münchner Stadtteilbier, dass weit über den Stadtteil hinausgewachsen ist, das Giesinger

MUNICH BREW MAFIA

Craft Bier heißt auch, Dinge anders zu machen. Das Bier "Don Limone" zum Beispiel, wird insgesamt vier mal gehopft. Wer hopfige Biere gut findet, wird hier einen Favoriten finden. Selbst beschreiben sie das Bier als: "Es duftet grasig und dezent nach Zitrone und Orangenschale. Spritzig und erfrischend füllt sich der Mund. Auf der Zunge breiten sich dann Noten von Zitrone, Mirabelle, Orange und Grapefruit aus. Im Finish läuft das Pils mit 30 Bittereinheiten zart herb die Kehle hinunter." Da läuft uns das Wasser im Mund zusammen.

GIESINGER BRÄU

Die junge Biermanufaktur aus Giesing hat sich in den letzten Jahren einen Namen gemacht. Sie wird die Brauerei mit Hilfe einer Crowdfunding Kampagne über Genussscheine von Liebhabern der bayerischen Braukultur unterstützt. Neben der "Giesinger Erhellung" werden schmackhafte Weißbiere, Dunkle und Spezialbiere und Sondersuds gebraut.
Wer die Biere des Hauses einmal probieren möchte, sollte im Bräustüberl der Brauerei in der Martin-Luther-Straße 2 einkehren.

Die sechs Großen

Münchens Bierkultur gehört zu den berühmtesten der Welt. Maßgeblich dazu beigetragen haben diese sechs Brauereien.

Das Münchner Hofbräuhaus ist besonders bei Touristen beliebt.

Hacker-Pschorr, Himmel der Bayern und Sponsor des TSV 1860 München.

HOFBRÄU

Das wohl berühmteste Bier der Stadt ist das HB. Vor allem das Stammhaus am Platzl hat einen weltweiten Ruf erlangt. Das Hofbräuhaus ist bis heute eines der touristischen Highlights Münchens. Bei Amerikanern, Australiern und Asiaten steht das Hofbräuhaus fest auf der Liste der Attraktionen. Im 19. Jahrhundert wurde die Brauerei verstaatlicht. Aus Platzmangel zog man an die Innere Wiener Straße um, wo sich noch heute der Hofbräukeller befindet.

HACKER-PSCHORR

Seit sage und schreibe fast 600 Jahren bekommen Sie in der Sendlinger Strasse 14 die immer gleiche Biersorte ausgeschenkt: ein Hacker-Pschorr.
Im Jahre 1417 wurde an der Stelle, wo heutzutage die Gaststätte „Altes Hackerhaus" steht, die Brauerei gegründet.
Im 18. Jahrhundert wuchs das Unternehmen unter dem Ehepaar Joseph Pschorr und Maria Theresia Hacker zu einer der führenden Brauereien Münchens heran.

„Himmel der Bayern" – so versteht sich Hacker-Pschorr selbst und möchte damit das Lebens- und Liebenswerte an Bayern ausdrücken. Seit 2007 wird das Hacker-Pschorr-Bier wieder in den traditionellen Flaschen mit Bügelverschluss verkauft.

das Starkbierfest zu feiern. Insbesondere das „Politiker-Derblecken" (Veralbern), das unter Leitung eines gewählten Bruder Barnabas stattfindet, führt regelmäßig zur Belustigung des Publikums. Vielleicht liegt es aber auch am Starkbier, das nicht nur zart besaiteten Seelen schnell zusetzt und für Erheiterung sorgt.

Paulaner ist vor allem für das Weißbier und Starkbierfest bekannt.

Blühte unter der Familie Brey auf und war einst größte Brauerei Deutschlands.

PAULANER

1634 begannen die Paulaner-Mönche im Kloster Neudeck ob der Au mit dem Bierbrauen, um die Fastenzeit zu überbrücken. Zunächst wurde das Bier nur an Festtagen öffentlich ausgeschenkt. Das Rezept des Starkbieres, das bei den Münchnern schnell sehr beliebt war, geht auf einen gewissen Bruder Barnabas zurück.
Bis heute hat sich die Beliebtheit des Paulaner Starkbieres gehalten. So treffen sich die Menschen alljährlich auf dem Nockherberg, um

LÖWENBRÄU

Bis ins späte 14. Jahrhundert lässt sich die Geschichte der Löwenbräu-Brauerei in der Löwengrube zurückverfolgen. Löwenbräu wurde 1746 erstmals im Biersudverzeichnis von München erwähnt. Im 19. Jahrhundert entwickelte sich der mittelgroße Betrieb unter der Familie Brey zur größten Brauerei Münchens.
Um 1900 war die Brauerei sogar die größte Deutschlands und bereits wegen ihres starken Wachstums in die Nymphenburger Straße

umgezogen. Seit dem Jahre 1883 gibt es in unmittelbarer Nähe zur Brauerei den berühmten Löwenbräukeller direkt am Stiglmaierplatz. Diesen finden Sie auch hier im Buch beschrieben – und sollten ihn keinesfalls verpassen.

können Sie das urige Bräustüberl besuchen. Kultstatus hat das Augustiner auch wegen seines alten Flaschenformats, mit typisch breitem Bauch und kurzem Hals. Außerdem wird das Augustiner in einigen Biergärten und auf dem Oktoberfest immer noch aus dem Holzfass, dem so genannten Hirschen, ausgeschenkt.

Bier mit Kultstatus, obwohl Augustiner keine Werbung macht

Weiße Schaufel, roter Hintergrund – dieses Zeichen ist in München wohlbekannt

AUGUSTINER

1328 gegründet, gilt die Augustiner Brauerei als die älteste der Stadt. Das „August" oder „Gustl", wie es von den Münchnern liebevoll genannt wird, ist besonders für sein helles Bier in der Münchner Kneipenszene bekannt. Die Brauerei hat ihre Wurzeln im Augustiner-Kloster in der Neuhauser Gasse. Die Brauerei zog im Zuge der Privatisierung im 19. Jahrhundert zunächst in die Neuhauser Straße 27 um, wo noch heute die beliebte Augustiner-Gaststätte existiert. Später zog sie in die Landsberger Straße, wo sie bis heute ihren Sitz hat. Dort

SPATEN

Die sechste Brauerei im Bunde ist die Spatenbrauerei. 1397 gegründet, war sie die ersten Jahrhunderte in der Neuhauser Gasse angesiedelt. Seit 1807 ist die Brauerei nun im Besitz der Familie Sedlmayer und zog bald in die Marsstraße um, ihrem heutigen Sitz. Jeder kennt den weißen Spaten auf rotem Hintergrund und ihren Slogan „Lass dir raten, trinke Spaten". Ganz so leicht fällt die Wahl des Bieres in München dann doch nicht, die Auswahl ist groß. Am besten, Sie gehen in die Biergärten und testen sie alle.

Biergartenguide Gewin

Einfach teilnehmen unter
www.biergartenguide.com/wiesn
und einen dieser Preise gewinnen:

1. Wiesn-Tisch

Du und Deine Freunde gehen zum Oktoberfest!
(10 Personen inkl. Verzehrmarken)

2. Ein Braufässchen zum Selberbrauen

3. Einen Biergartenguide 2025

Teilnahmebedinungen:
Auslosung: Die Ziehung des Gewinners erfolgt nach Teilnahmeschluss des Gewinnspieles durch Zufallsprinzip. Teilnahmeberechtigt sind alle natürlichen Personen, die das 18. Lebensjahr vollendet. Von der Teilnahme ausgeschlossen sind Mitarbeiter vom Biergartenguide, Mitarbeiter von Kooperationspartnern des jeweiligen Gewinnspiels und alle Personen, welche mit der Durchführung des Gewinnspiels beschäftigt sind oder waren. Die Gewinner werden nach Abschluss des Gewinnspieles ermittelt und schriftlich per Facebook benachrichtigt. Der Gewinn ist nicht auf Dritte übertragbar. Eine Barauszahlung des Gewinns ist ausgeschlossen. Der Rechtsweg ist ausgeschlossen. Der Oktoberfesttisch beinhaltet eine Reservierung für 10 Personen inkl. Verzehrgutscheine. Verzehrgutscheine sind abhängig vom Festwirt, jedoch typischerweise 2 Maß Bier und ein Hendl pro Person excl. Bewirtungsgeld. **Teilnahmschluss: 15. September 2024.**

Die Biergärten

So funktioniert der Gutschein:

Nur im Selbstbedienungsbereich des Biergartens zu verwenden wenn dieser geöffnet ist. Nicht im Bedienbereich oder im Restaurant gültig.

Aufgrund des Wetters sind Biergärten hin und wieder geschlossen.
Bei geschlossenem Biergarten, kann der Gutschein NICHT eingelöst werden.
Biergärten sind nicht ganzjährig geöffnet.

Sie holen sich zwei Maß am Ausschank und gehen damit zur Kasse.
Dort bezahlen Sie eine der beiden Maß, die andere ist für Sie gratis.
Der Gutschein muss abgegeben werden und ist nur einmalig gültig.

Beide Maß müssen gleichzeitig gekauft werden und können nicht nacheinander erworben werden.

Nur für normales Helles oder Radler gültig, nicht für Weißbier oder Russenmaß und andere Getränke anwendbar.

Nicht mit anderen Rabattaktionen oder Gutscheinen kombinierbar.

Werden Gutscheine im Wirtsgarten einglöst, bitte die Gutscheine vor der Bestellung vorzeigen.

Die Gutscheine sind bis 31.12.2024 gültig.

Park Café

Biergenuss im Alten Botanischen Garten – im Herzen der Stadt bietet das Park Café eine Insel der Ruhe.

Im Sommer ist das Park Café nicht zuletzt wegen seiner zentralen Lage ein beliebter Treffpunkt.

Nur einen Steinwurf vom Münchner Hauptbahnhof und dem Stachus entfernt, fast ein bisschen versteckt, mitten im Alten Botanischen Garten, bietet das Park Café seinen Gästen ein besonderes Flair zwischen bayerischem Biergarten und Großstadt-Treffpunkt für Jung und Alt. Unter den großen Sonnenschirmen ist jede Menge Platz. Hier finden sich Studenten, Geschäftsleute, Radfahrer und Familien nach dem Shopping oder Museumsbesuch und genießen die Sonnenstrahlen. Auch für Unterhal-

Giggerl

Huhn, im Biergarten
halbes Hähnchen / Hendl

Durst ist schlimmer als Heimweh. Aber gegen Durst kann man was machen!

tung ist gesorgt. Livebands aus München und der ganzen Welt füllen den Eventkalender. Der sonntägliche Frühschoppen mit Livemusik zieht Besucher aus München und der Region in die Stadtmitte. Nicht nur im Sommer lockt der Biergarten. Im Winter gibt's Glühwein zum Bier, Eisstockbahnen und jede Menge Erlebnis für Gruppen und Singles. Warm wird es dabei auf jeden Fall.

ÖPNV

S1-S8, U4/U5, Tram 16/17/18/19/20/21 bis Karlsplatz (Stachus)
Tram 27/28 bis Ottostraße

PARKEN

Eingeschränktes Parken auf der Straße, aber direkt gegenüber ist ein öffentliches Parkhaus im Elisenhof.

RAD

Über die Innenstadtradwege gut erreichbar. Eigener Fahrradparkplatz.

Anschrift

Park Café
Sophienstraße 7
80333 München

www.parkcafe089.de
089 516 179 80

BIERGARTEN

1600 Plätze Selbstbedienung
450 Plätze Bedienbereich

SPIELPLATZ

Kleine Spielecke oder Spielplatz im Park nebenan

BIER

Hofbräu Original Münchner Hell
Hofbräu Sommerzwickl
Münchner Weisse
Alkoholfreies Helles & Weißbier
(bis 17 Uhr auch Ausschank 0,5l)

SPEZIALITÄTEN

Schweinsburger mit Jahrhundertsauce mit langsam gegartem, saftigen Schweinebraten vom oberbayrischem Landschwein, 1/2 Brathendl aus Niederbayern.

Seehaus im Englischen Garten

Mitten im Zentrum des Englischen Gartens: Im Seehaus treffen sich Studenten genau wie alteingesessene Schwabinger.

Traumhaft gelegen am Kleinhesseloher See inmitten des Englischen Gartens

Mitten im Englischen Garten, am Kleinhesseloher See, liegt das zur Kuffler Gruppe gehörende Seehaus. Direkt am Ufer oder unter Kastanien sitzt eine bunte Gästeschar: Studenten und Models, Familien und Schwabinger Künstler. Natürlich darf man seine Brotzeit mitbringen, aber viele Gäste entscheiden sich für die Köstlichkeiten aus der Biergartenküche: Da gibt´s die typischen Klassiker wie Hendl, Haxen und Rollbraten genauso wie frische heimische Salate, vegetarische Speisen und regionale Käse- und Wurstspezialitäten, dazu frische Brezen. An der Bar am See/Haus werden neben Paulaner Bieren auch Weine und Drinks serviert. Im Seehaus Biergarten ist ganzjährig Betrieb: Im Winter gibt's hausgemachte dampfende Suppen und mit etwas Glück einen Platz am zugefrorenen See auf dem sich die Schlittschuhfahrer und Eisstockschützen tummeln.

BIERGARTEN
2500 Plätze Selbstbedienung

SCHANKZEITEN
Ganzjährig geöffnet.

SPIELPLATZ
Der Spielplatz ist komplett umzäunt.

BIER
Paulaner

SPEZIALITÄTEN
Frisch gebackene Kuchen; Steckerlfisch von der Fischer Vroni; Leichte Gerichte und gesunde Snacks; Extras für Kinder; Eiswagen mit Bartu Bio-Eis im Biergarten.

Anschrift
Seehaus im Englischen Garten
Kleinhesselohe 3
80802 München

www.kuffler.de
089 381 61 30

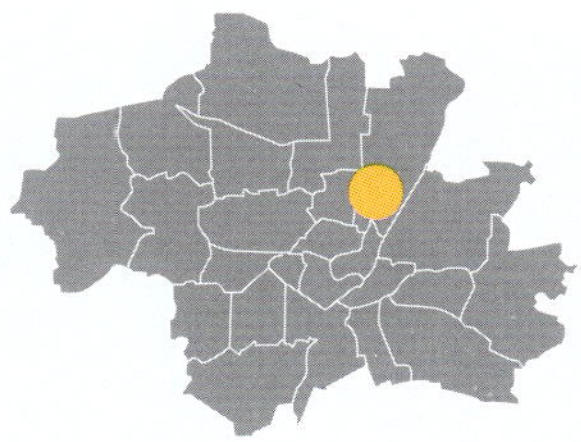

ÖPNV
U3/U6 bis Münchner Freiheit und kurzer Spaziergang durch den Englischen Garten oder Bus 59 bis Osterwaldstraße

PARKEN
Auf Zufahrtsstraße Gyßlingstraße kostenfrei oder kostenpflichtig vor dem Seehaus (BRK)

RAD
Radwege im Englischen Garten und der Isarradweg führen direkt bis vor das Seehaus; viele Fahrradständer vorhanden

Im Seehaus wird viel Wert auf lokale Produkte in der Küche gelegt. Das schmeckt man.

Hirschau

Der familienfreundliche Biergarten im nördlichen Teil des Englischen Garten ist ein Paradies für Groß und Klein.

Die Hirschau ist herrlich im Grünen gelegen im Nordteil des Englischen Gartens

Hirsche gibt es hier zwar schon lange nicht mehr, dafür süffiges Bier sowie regionale und internationale Biergartenspezialitäten. Die Hirschau erfreut sich bei Familien, Spaziergängern und Radlfahrern großer Beliebtheit, nicht zuletzt wegen ihrer wunderschönen Lage im nördlichen Teil des Englischen Gartens. Neben bayerischen Schmankerl und frisch gezapftem Löwenbräu-Bier, warten neuerdings auch vegetarische und vegane Gerichte auf Freunde der berühmten Biergarten-Gemütlichkeit.

Familienfreundlichkeit wird großgeschrieben. Für die Kleinen stehen Klettergerüst, Piratenschiff & Co. bereit, für die Großen sieben Tennis- und zwei Beachvolleyball-Plätze. So kann es schon mal vorkommen, dass waschechte Bayern in Lederhosen neben Tennisspielern im Sportdress auf einer Bierbank sitzen. An heißen Tagen spenden die Kastanienbäume des Englischen Gartens angenehmen Schatten. Seit 2013 wird die Hirschau von Familie Hagn & Spendler geführt.

Mei is des schee - an einem schönen Tag geht nichts über eine kühle Maß!

Anschrift

Hirschau
Gyßlingstraße 15
80805 München

www.hirschau-muenchen.de
089 360 904 90

BIERGARTEN
2000 Plätze Selbstbedienung

SPIELPLATZ
Ca. 1000 Quadratmeter Spieleparadies inkl. Rutsche, Tischtennisplatte, Klettergeräten, Torwand, Seilbahn und Trampolin

ÖPNV U BUS
U6 bis Dietlindenstraße und Spaziergang durch den Englischen Garten oder Bus 59 bis Osterwaldstraße

SPEZIALITÄTEN
Biergarten-Schmankerl wie das beliebte Wiesnhendl, Steckerlfisch, Kaffee und Kuchen, abwechselnde Musikveranstaltungen (am Do-So - siehe Website)

BIER
Löwenbräu

PARKEN
70 kostenfreie Parkplätze am Haus

RAD
Direkt an Münchens beliebtesten Ausflugsradweg gelegen, Fahrradabstellplätze vor der Haustür

Mini Hofbräuhaus

Mini bedeutet für die Gäste: alles ein bisschen münchnerischer, kleiner, sympathischer, persönlicher und vor allem grüner.

Natur pur: das Mini HB liegt mitten im Englischen Garten zwischen den Bäumen.

Mitten im Nordteil des Englischen Gartens treffen sich die großen und kleinen Zwei- und Vierbeiner im Mini HB. Herzlich familiär geht es zu – 365 Tage im Jahr, egal, ob im Sommer im Biergarten oder im Winter im Zelt samt Feuerstelle und Christbaum.

Der Schweinsbraten wird hier zum Festbraten. Streng nach dem Schweinsbraten-reinheitsgebot mit G'würz und G'müs im Rohr gegart, übergießt ihn der Koch mit reichlich Bier für eine resche Kruste. Das ofenfrische Schmankerl gibt es zudem zum sensationell günstigen Preis von 6,90* Euro. Bei dem Preis lässt so mancher die Brotzeit dann doch lieber zu Hause. Das Bier, frisch vom Fass und preislich ebenso ein Traum, mundet dem Münchner ebenso wie den Touristen.

Alles in allem bietet das Mini HB einen kleinen, aber feinen Biergarten mit konkurrenzlos günstigen Preisen.

Im Nordteil des Englischen Garten gelegen, ist das Mini Hofbräuhaus der perfekte Stop nach einem Spaziergang im Park.

Anschrift

Mini Hofbräuhaus
Gyßlingstraße / Am Gleisweg
80805 München

www.facebook.com/minihb
www.minihofbraeuhaus.de

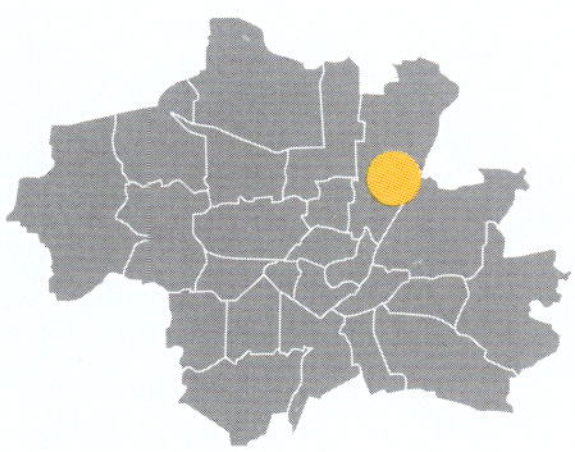

WIRTSGARTEN

150 Plätze Selbstbedienung. Wirtsgarten, bitte keine eigenen Speisen mitbringen

BIER

Hofbräu für

SPEZIALITÄTEN

Schweinsbraten für € 6,90* sowie andere bayerische Spezialitäten

ÖPNV U

U6 bis Nordfriedhof und ca. 15 Min. Fußweg
U4 bis Arabellapark, weiter mit Bus 150 bis Amsterdamer Straße (nur Mo.-Fr.)

PARKEN

Schwedenstraße im Westen bzw. Gyßlingstraße im Osten und dann 5–10 Min. Spaziergang durch den Englischen Garten

RAD

Durch den Englischen Garten direkt bis ans Mini HB

**Preise ohne Gewähr*

Feringas Seegarten & Beachclub

Am Feringasee, einem Eldorado für Frischluftfanatiker, erwartet die Gäste ein moderner, gemütlicher Biergarten.

Eldorado für Münchner Erholungssuchende

Die Devise lautet: „Einen Moment Urlaub schenken". Gäste können hier gerne mit prall gefülltem Picknickkorb anreisen. Falls der Korb bereits mit Badesachen prall gefüllt ist, gib es vom bayerischen Speisen bis hin zu Beach Snacks und veganer Küche, hier für jeden etwas. Der Selbstbedienungsbereich mit modernen Schmankerln der traditionellen Küche lädt zum Verweilen ein.

Am Feringasee lässt sich der Sonnenuntergang über dem See perfekt mit einem frischen Corona zelebrieren.

Der Beachclub wird täglich mit entspannenden, melodischen Buddha Bar Beats untermalt und lässt Urlaubs Vibes aufkommen.

Ein weiteres Highlight sind die hausgemachten Spareribs, sowie der frisch gegrillte Steckerlfisch. Im Sommer ist der See ein Eldorado für die gestressten Einheimischen auf der Suche nach etwas Erholung.

Massive Holzgarnituren sorgen für bajuwarisches Flair

Anschrift

Feringas Restaurant | Seegarten
Am Feringasee 1
85774 Unterföhring

www.feringa-see.de
089 950 53 75

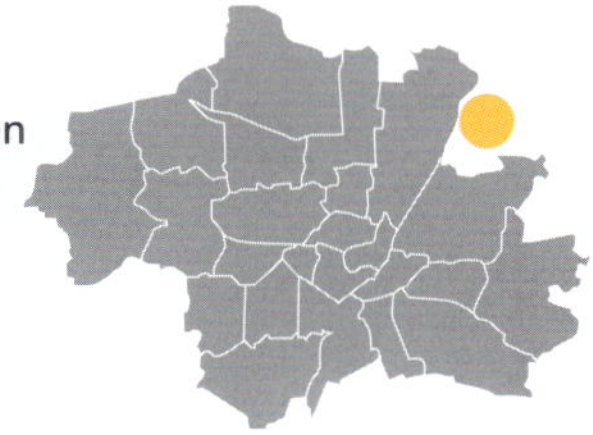

BIERGARTEN
600 Plätze Selbstbedienung
120 Plätze Bedienbereich

SPIELPLATZ
Mehrere Spielplätze rund um den See, Beach-Volleyball-Feld

BIER
Spaten, Franziskaner und Corona

SPEZIALITÄTEN
Moderne Schmankerl und Soulfood

ÖPNV BUS S
S8 bis Unterföhring und ca. 25 Min. Fußweg
Bus 189 und 233 bis Unterföhring, ZDF-Straße oder Bus 234 bis Unterföhring, Medienallee und ca. 25 Min. / 2 km Fußweg

PARKEN
2500 Parkplätze (im Sommer kostenpflichtig)

RAD
Über zahlreiche Rad- und Feldwege anfahrbar. Isarradweg bis Unterföhring, danach der Beschilderung folgen

Der Beachclub bietet einen perfekten Blick auf grandiose Sonnenuntergänge.

Finsinger Alm

Ein beliebtes Ausflugsziel im Münchner Norden ist die Finsinger Alm am Speichersee.

Die Ruhe am Speichersee lockt Radler, Wanderer, Reiter und Ausflügler.

Die Finsinger Alm in München ist ein historischer Ort, der eine faszinierende Geschichte mit sich bringt.

Ursprünglich entstand sie in den späten 1920er Jahren im Eicherloher Moos, als die ersten Bauarbeiter für den Speichersee hier arbeiteten. 1930 wurde sie offiziell als "Finsinger Alm" benannt. In den 1950er Jahren wurde aus dem ursprünglichen Holzbau ein festes Ziegelhaus, das von der Wirtsfamilie Bernauer betrieben wurde. Seit März 2020 führt Josef Ratzesberger die Finsinger Alm und lädt Gäste ein, bayerische Gastfreundschaft, handwerklich zubereitete Speisen frisch gezapftes Bier zu genießen.

Ein besonderes Highlight ist das "Rent A Grill" Angebot. Hier können Gäste ihr mitgebrachtes Grillgut selbst grillen.

Jeden letzten Sonntag im Monat gibt es zudem ein besonderes Erlebnis, das besonders bei Familien Anklang findet: eine Wanderung mit Lamas über die Feld- und Wiesenwege zum Hochufer des Speichersees. Speziell für Kinder eine bleibende Erinnerung.

Eine leckere Brotzeit geht immer.

Anschrift

Finsinger Alm
Almweg 38
85464 Finsing Turm

www.finsingeralm.de
finsingeralm@outlook.de

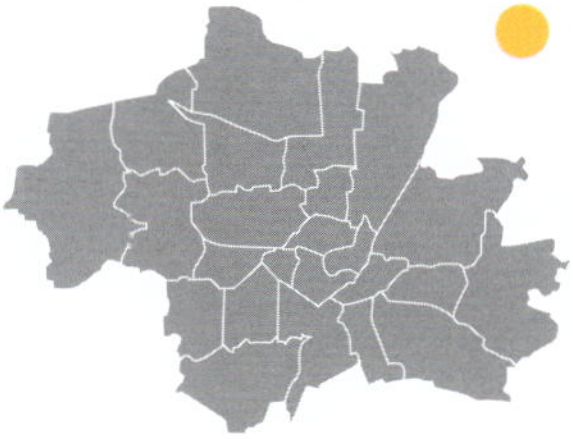

BIERGARTEN
350 Plätze Selbstbedienung
100 Plätze Bedienbereich

SCHANKZEITEN
Mi-So 11 - 22 Uhr

SPIELPLATZ
Spielplstz mit Rutsche vorhanden.

BIER
Schweiger Bier

SPEZIALITÄTEN
Steckerlfisch vom Grill, bayerische Spezialitäten nach handwerklicher Tradition.

PARKEN
Beim Biergarten problemlos möglich.

RAD
Über die Radwege um den Speichersee erreichbar.

Historisches Postkartenmotiv der Finsinger Alm.

Bräustüberl Weihenstephan

Im Epizentrum des Bieres: Die älteste Brauerei der Welt, ein Lehrstuhl für Brauereitechnologie – und natürlich ein Biergarten!

Herrliche Lage: Von hier aus hat man einen wunderbaren Blick über die Stadt Freising.

Das Bräustüberl Weihenstephan liegt direkt neben der ältesten Brauerei der Welt – der „Bayerischen Staatsbrauerei Weihenstephan" (seit 1040). 725 gründete der Heilige Korbinian mit zwölf Gefährten auf dem Nährberg bei Freising ein Benediktinerkloster und begründete damit die Braukunst in Weihenstephan. Denn wo im Mittelalter ein Kloster stand, da wurde auch gebraut.

Mit seiner jahrhunderte alten Geschichte zählt das Bräustüberl zu den traditionsreichsten Gasthäusern Bayerns und ist zudem die Geburtsstätte einer der berühmtesten bayerischen Käsespezialitäten, des „Obazdn".

Doch neben Tradition hat Weihenstephan auch viel in Sachen Forschung und Fortschritt zu bieten. Die Fakultät für Brau- und Getränketechnologie der Technischen Universität München ist ein Zentrum für Braumeister aus aller Welt. Sudhaus, Gärtanks und Kellergebäude mit modernster Technologie garantieren hervorragende Bierprodukte.

Mitten auf dem Campus des Lehrstuhls für Brauereitechnologie befindet man sich am Ursprung des Bieres.

Anschrift

Bräustüberl Weihenstephan
Weihenstephaner Berg 10
85354 Freising

www.braeustueberl-weihenstephan.de
081 611 30 04

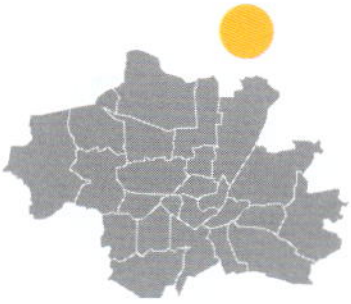

BIERGARTEN
360 Plätze Selbstbedienung
180 Plätze Bedienbereich

BIER
Weihenstephaner

SPEZIALITÄTEN
Kalt: verschiedene Salat-Variationen, Obazda, Tomate-Mozzarella, Warm: Schweinshaxn, Schweinebraten, Spareribes

ÖPNV
X660 ab Garching-Forschungszentrum oder Freising Bhf. und Bus 639 ab Freising Bhf. bis Weihenstephaner Berg

PARKEN
Ausreichend Parkplätze vor dem Haus

RAD
Isarradweg in der Nähe

Airbräu Flughafen München

Bayerische Wirtshauskultur, traditionelle Schmankerl und hausgebraute Biere aus der weltweit ersten Flughafen-Brauerei.

Das Airbräu begeistert Gäste & Rückkehrer:innen mit den Vorzügen der bayerischen Brau- und Küchenkunst.

Das Airbräu am Flughafen München ist eine Gaststätte mit der weltweit ersten Flughafen-Brauerei.

Da bietet es sich natürlich an, sich vor dem Abflug zum Abschied mit seinen Liebsten in den Biergarten zu setzen und gemeinsam die bayerischen Leckereien zu genießen. Bei vielen Reisenden ist dies bereits zu einer festen Tradition geworden: Vor der Abreise bzw. nach der Rückkehr ein Check-In im Airbräu. Nach einer langen Reise sehnt man sich schließlich wieder nach einem guten heimischen Bier, genau so, wie es das Airbräu braut. Die Brauerei setzt auf eine schonende und nachhaltige Produktion mit Rohstoffen aus der Region. Der Hopfen wird aus der Hallertau bezogen und das Malz von Mälzereien aus dem Umland. Natürlich wird das Bier nach dem Reinheitsgebot von 1516 gebraut.

So kommt es, dass man neben den Touristen viele Familien im Biergarten sieht, die sich bei einem kühlen Bier freuen, ihre Liebsten wieder in die Arme schließen zu können.

2022 wurde das Airbräu mit dem Siegel der „ausgezeichneten bayerischen Küche" prämiert.

Anschrift

Airbräu
Terminalstraße Mitte 18
85356 München-Flughafen

www.airbraeu.de
089 975 931 11
reservierung@airbraeu.de

BIERGARTEN
600 Plätze Bedienbereich

BIER
Hausgebrautes Airbräu-Bier

SPEZIALITÄTEN
Alles, was das Herz in einem bayerischen Restaurant höherschlagen lässt sowie saisonale Gerichte mit Produkten aus unserer Region.

ANREISE S
RE 22, S1, S8, Bus 512/635 bis München Flughafen sowie alle Flugverbindungen mit dem Ziel Flughafen München

PARKEN
3 Stunden kostenfrei parken im P20 ab einem Mindestverzehr von 20€. Kostenpflichtig in allen umliegenden Parkäusern.

Zur Fidschi

Ein Seebiergarten im Münchner Osten, der die Einheimischen und Ausflügler erfreut

Der Fidschi-See ist sehr beliebt bei den Münchner um sich eine kleine Außzeit zu nehmen.

Der Fidschisee ist nicht wie sein Name vermuten läßt ein Binnengewässer in der Südsee, sondern ein Badesee im Südosten von München. Eigentlich heißt der See Heimerstettener See, aber im Volksmud sagt das keiner.

Der Name geht angeblich zurück auf einen Baggerfahrer, welcher am See das Kies förderte und Vilatschko hieß. Weil dies in der bayerischen Mundart nicht ganz rund klingt, wurde bald Vidschä und später Fidschi oder Fidji draus. So kam es, dass es im Münchner Osten einen Baggersee mit dem Namen einer Südseeinsel gibt.

Aber zurück zum Wichtigen, das Ehepaar Gersztein hat kürzlich den Biergarten übernommen und ordentlich auf Vorderman gebracht. Jetzt erfreuen sich Ausflugsgäste, Wassersportler und Sonnenanbeter gleichermaßen am frischen Hellen oder einem gepflegten Hugo unweit des Seeufers.

Ein Sprung in den See und danach in den Biergarten.

Anschrift

Zur Fidschi
Seestraße 40
85609 Aschheim

www.fidschi-see.de
info@fidschi-see.de

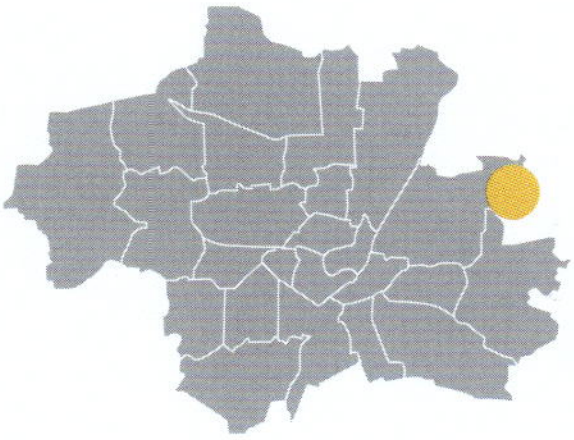

BIERGARTEN
300 Plätze Selbstbedienung

SPIELPLATZ
In Sichtweite mit neuen Geräten

BIER
Ayinger

SPEZIALITÄTEN
Currywurst, Burger, Leberkäse, Wurstsalat, Obazda, Steckerlfisch

ÖPNV S BUS
S2, Bus 230/263 bis Feldkirchen und ca. 20 Min. Fußweg

PARKEN
Parkplätze des Heimerstettener See. (Während der Badesaison kostenpflichtig)

Franziskaner Garten

Ein Platz zum Erholen – der Franziskaner Garten bietet eine Insel im hektischen München und punktet mit tollen Spareribs.

Hoch zu Ross an der Friedenspromenade: ein Pferdefuhrwerk vor dem Franziskaner Garten

Direkt an der langen Friedenspromenade in Trudering öffnet der Franziskaner Garten seine Pforten. Auch an heißen Tagen ist der Biergarten ein beliebtes Ziel bei Jung und Alt, denn große Kastanien spenden viel Schatten.

Versteckt hinter Hecken eröffnet sich ein wahres Paradies für Radfahrer, Spaziergänger, Nachbarn und Urlauber. Der Wirtsfamilie liegt das Wohl der Gäste am Herzen. Als urbayerischer Biergarten bietet der Franziskaner Garten daher nicht nur wohlschmeckende Schmankerl und kühles Bier.

Fast schon legendär ist das alljährliche Lampionfest, an dem der Biergarten in schummeriges Licht getaucht ist und bei Livemusik die Beine geschwungen werden.

Aber auch an jedem anderen schönen Tag ist der Franziskaner Garten eine gute Wahl, um alle Fünfe grad sein zu lassen.

Die Ruhe vor dem Sturm. Die saftig grünen Kastanien und leeren Tische warten auf den Besucheransturm.

Anschrift

Franziskaner Garten
Friedenspromenade 45
81827 München

www.franziskanergarten.de
089 430 09 96

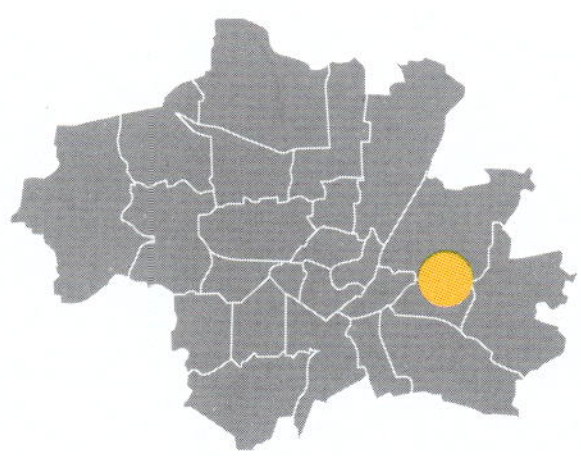

BIERGARTEN
2000 Plätze Selbstbedienung
200 Plätze Bedienbereich

SPIELPLATZ
Großer, eingezäunter Spielplatz

BIER
Spaten Helles und Franziskaner Weißbier

SPEZIALITÄTEN
Spareribs und BBQ-Sauce nach Hausrezept, Steckerlfisch von der Fischer Vroni

ÖPNV U BUS S
S4/S6 oder U2 bis Trudering, dann Bus 192 bis Vogesenstraße. Alternativ Bus 195 bis Vogesenstraße ab Michaelibad oder Neuperlach Süd.

PARKEN
Einige Parkplätze vor dem Haus, ansonsten in den umliegenden Straßen

RAD
Radweg entlang der Wasserburger Landstraße

Forschungsbrauerei

Eine Münchner Familienbrauerei, die Ihr Bier noch handwerklich braut.

Schöne Bilder und Marketing, ist nicht die Stärke der Forschungsbrauerei. Handwerkliche Kunst und feingefühl für's Bier dafür umso mehr!

Der Gürnder der Forschungsbrauerei, Gottfried Jakob war ursprünglich als Betriebskontrolleur unterwegs. Aber als er nach 25 Jahren Tätigkeit unzufrieden mit dem Ergebnis war, entschloss er sich kurzerhand zur Errichtung einer eigenen Brauerei. 1930 startete er sein Unterfangen in München-Perlach, mit dem Ziel, neue Biersorten und Brauereiverfahren zu erforschen. Dies gelang ihm so gut, dass er mehr als 50 Patente für seine Arbeit erhielt. Die ersten Jahre gab es noch kein Bräustüberl. Aber schon 1936 richtete der erfinderische Bierbrauer eine „Prüfstelle“ für die Öffentlichkeit ein, in der jeder Gast die Produkte des Hauses mit aller Hingabe probieren konnte. Auch heute gibt es das Probierstüberl‘ noch. Und ein kleiner Biergarten und eine Bierhalle sind über die Jahre hinzugekommen.

"Des Wissens Geist, des Könnens Kraft Sie einen sich in diesem Saft"
Direktor des Hofbrauamt München

Anschrift

Forschungsbrauerei
Unterhachinger Straße 78
81737 München

www.forschungsbrauerei-braeustueberl.de
089 / 670 11 69

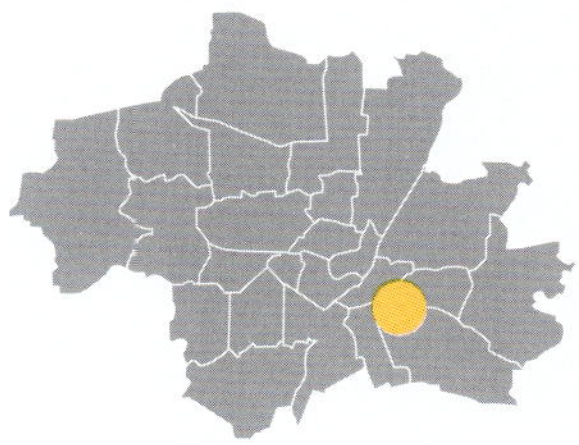

BIERGARTEN

250 Plätze Bedienbereich (trotzdem dürfen Speißen mitgebracht werden)

BIER

Eigene Bierspezialitäten

SPEZIALITÄTEN

Bier sind die Spezialität des Hauses. Das Essen ist Bodenständig und günstig. Sehr zu empfehlen.

ÖPNV

S7 und Bus 196 bis Perlach Bf.

PARKEN

Großer Parkplatz nahe am Haus.

Im Probierstüberl' kann jeder Gast die Köstlichkeiten des Hauses probieren.

Wirtshaus Leiberheim

In Münchens Südosten ist das Leiberheim ein typisch bayerischer, urgemütlicher und kinderfreundlicher Biergarten.

Der Biergarten Leiberheim ist der einzige in München, der Bier aus der Familienbrauerei Erharting ausschenkt

Leiber ist der volkstümliche Spitzname für die Angehörigen des Bayerischen Infanterie-Leib-Regiments, welches in Friedenszeiten die Ehre hatte, Dienst in der Nähe des Königs zu tun. 1907 wurde zur Erholung der Truppe das Leiberheim errichtet, das wir heute als althergebrachtes Ausflugslokal in Münchens Südosten kennen. Regelmäßig auftretende Blasmusik ist in diesem Ambiente ein Highlight. Dazu ist das am Grill im Ganzen knusprig gebratene Spanferkel ein Schmankerl für Auge und Gaumen. Auch die frischen Sparerips und der duftende Steckerlfisch sind immer beliebt.Egal, wie man es dreht und wendet, das Leiberheim ist ein Prachtstück der Münchner Biergartenkultur. Falls Sie Ihr Weg nicht zufällig dort hinführt, sollten Sie einen Ausflug planen.

Während sich die Kinder am großen Spielplatz vergnügen, können die Eltern die Brotzeit genießen und dabei das kostenfreie WLAN nutzen.

Bayerisch für Anfänger

Bassd scho! — Alles in Ordnung

Leckereien der süddeutschen Küche: Frischkäseschmankerl

Anschrift

Wirtshaus Leiberheim
Nixenweg 9
81739 München

www.leiberheim.de
089 43 00 000

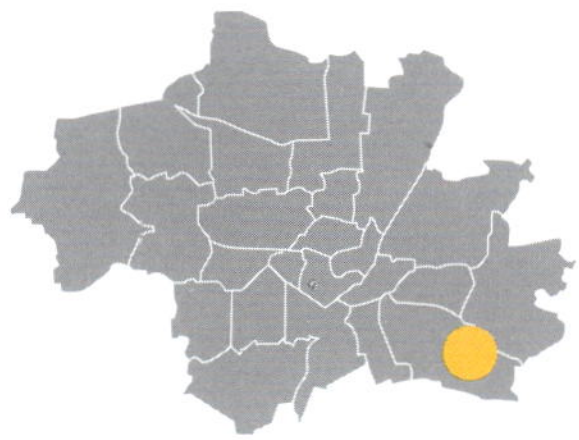

BIERGARTEN
2000 Plätze Selbstbedienung
180 Plätze Bedienbereich

SPIELPLATZ
Großer umzäunter Spielplatz mit Nestschaukel, Klettergerüst, Rutsche und Fahrgeräten.

BIER
Familienbrauerei Erharting

SPEZIALITÄTEN
Bayrische Spezialitäten wie die hausgemachte Sülze oder der Wurstsalat und andere Besonderheiten, die im Biergarten nicht fehlen dürfen.

PARKEN
Für PKW und Fahrräder ausreichend vorhanden

ÖPNV BUS S U
U5, U7, U8 bis Neuperlach Zentrum, weiter mit Bus 55 bis Waldperlach (Süd)
S3 bis Unterhaching / S7 bis Ottobrunn, weiter mit Bus 221 bis Waldperlach

INFO
Im Winter (Nov. bis April) bietet die Volksbühne Neubiberg-Ottobrunn verschiedene Theaterstücke im großen Saal dar

Sehr viele Stammgäste haben Ihren eigenen Tonkrug, der bei Ihrer Ankunft eisgekühlt bereit steht.

Ayinger Bräustüberl

Schon seit über 100 Jahren ist das Bräustüberl ein beliebtes Ausflugs- und Einkehrziel im südlichen Münchner Umland.

Gemütlich, traditionell, bayerisch: Der Biergarten des Ayinger Bräustüberl

Im Herzen von Aying, behütet von alten Bäumen und gleich neben der Dorfkirche, liegt das Ayinger Bräustüberl – seit seiner Erbauung 1873 eine bayerische Traditions- und Schankwirtschaft, die von der renommierten Brauerfamilie Inselkammer betrieben wird. Im schönen Biergarten genießt man die Biere der Ayinger Brauerei stets so frisch gezapft, wie man es sich nur wünschen kann. Einheimische und Ausflügler treffen sich hier zur Brotzeit oder bayerischer Hausmannskost.

Das Bier gibt's jeden Tag ab 17 Uhr frisch aus dem Holzfass, ein Traum für jeden Bierliebhaber. Für's E-Bike gibt's an den Ladesäulen Strom zum nachtanken.

Im Frühjahr 2020 wurde der Selbstbedienungs-Bereich komplett renoviert, auch der Außenbereich davor wurde sehr geschmackvoll umgestaltet – eine absolute Bereicherung!

Ob man nach einer Radltour einkehrt oder mit dem Auto vorfährt, die freundlichen Bedienungen im Trachtengewand und die Atmosphäre sind wie ein Ausflug in eine gute alte Zeit.

Nicht nur die Ayinger lassen sich das Bier der ortsansässigen Brauerei gerne schmecken

Anschrift

Ayinger Bräustüberl
Münchener Straße 2
85653 Aying

www.ayinger-braeustueberl.de
080 95 13 45

BIERGARTEN

250 Plätze Selbstbedienung
150 Plätze Bedienbereich

SPIELPLATZ

Zwei Spielplätze direkt im Biergarten, einer in 200 m Entfernung

PARKEN

50 Parkplätze nebenan auf dem alten Brauereigelände.
In 50m Entfernung weitere Parkplätze.

BIER

Biere der Ayinger Privatbrauerei

SPEZIALITÄTEN

Spareribs (800 g), ofenfrischer Schweinsbraten, deftige Brotzeiten, Kaiserschmarrn

ÖPNV S

S7 bis Aying und ca. 11 Min. / 850 m Fußweg

RAD

Mangfall-Radweg, Via Julia-Radweg, MVG Tour Nr. 3 – ins Mangfalltal

Zum Wofen

Im Wirtsgarten des Markus Wasmeier Freilichtmuseum Schliersee gibts handgeschöpftes Bier.

Gemütlich geht's zu im Biergarten "Zum Wofen" im Freilichtmuseum

Besucher erleben eine unvergessliche Reise in die Vergangenheit. Zwölf historische Gebäude wurden detailgetreu restauriert und auf dem Museumsgelände wieder aufgebaut, um dem bäuerlichen Alltag des 18. Jahrhunderts neues Leben einzuhauchen. Initiator des altbayerischen Bauernhofdorfes ist kein geringerer als die Skifahrerlegende Markus Wasmeier. Er ist nicht nur ein erfolgreicher Skirennfahrer und zweifacher Olympiasieger, sondern auch ein ausgesprochener Liebhaber seiner Heimat. Im altbayerischen Wirtshaus „Zum Wofen" kann man bayerische Heimat spüren und schmecken! Besucher werden mit hausgemachten Spezialität verwöhnt.

Im Biergarten mit Blick auf das atemberaubende Bergpanorama, schmeckt das selbst gebraute Museumsbier bei einer herzhaften Brotzeit besonders gut.

Zünftig hocken's zam und spuin' a Musi

Anschrift

Markus Wasmeier Freilichtmuseum
Brunnbichl 5
83727 Schliersee

www.wasmeier.de
office@wasmeier.de

WIRTSGARTEN
150 Plätze im Bedienbereich

SCHANKZEITEN
Di-So 10-17 Uhr
Mo Ruhetag, außer Feiertagen
Achtung: nur von 29.03.2024 bis 3.11.2024 geöffnet

SPIELPLATZ
Historische Spielstationen, Holzkegelbahn, Stelzen, Skibrettel laufen, Tiere

BIER
Selbstgebrautes Museumsbier

PARKEN
Vor dem Museumsgelände

SPEZIALITÄTEN
Deftige Bierbrauer-Brotzeit, herzhafter Wurstsalat, Museums-Bierwürstl, Wasmeiers hausgemachter Schweinsbraten

EINTRITTSPREISE
Der Biergarten befindet sich auf dem Museumsgelände und erfordert folgende Eintrittspreise:
Erwachsene 9,90 €*
Kinder bis einschl. 15 Jahre frei

ÖPNV
Regionalbahn RB 55 bis Fischhausen-Neuhaus und ca. 10 Min. / 800 m Fußweg

Idyllisch gelegen, am südlichen Ende des Schliersees, unweit der bayerischen Alpen.

**alle Preise ohne Gewähr*

Falke 23

In der Falkenstrasse 23 in der Au, entstand ein neu gedachtes Wirtshaus mit rustikalem und zugleich wohligen Ambiente.

Obwohl es sehr gute Weine im Falke 23 gibt, lässt sich gegen ein gepflegtes Bier nichts einwenden.

Im Münchner Stadtteil Au, im ehemaligen Wirtshaus „Zum Alten Kreuz" erwartet die Gäste von ein neu gedachtes, modernes Wirtshauskonzept. Schon der Name Falke 23, abgeleitet vom Strassennahmen und der Hausnummer deutet an, dass sich etwas verändert hat, in diesem Traditionslokal.

Frische und regionale Kulinarik bietet das Wirtshaus. Marian der Küchenchef legt größten Wert auf handgemachte Speisen. Die Zutaten vorwiegend vom Metzer Münch aus seinem Heimatdorf in Niederbayern oder befreundeten Gemüsebauern aus Puchheim. Das Bier natürlich aus München, wie sollte es anders sein, und der Wein aus der Pfalz und der Steiermark.

Neu ist auch das 3- und 4-Gang-Menü auf der Karte. Etwas, dass man vielleicht nicht im ersten Moment nicht mit einem Wirtshaus in Verbindung bringt, aber perfekt zur Handschrift der neuen Lokalität passt.

Schon die Zubereitung verheißt Gutes. Lecker schaut es aus!

Anschrift

Falke23 Wirtshaus
Falkenstraße 23
81541 München-Au

www.falke23.de
(089) 246 431 26

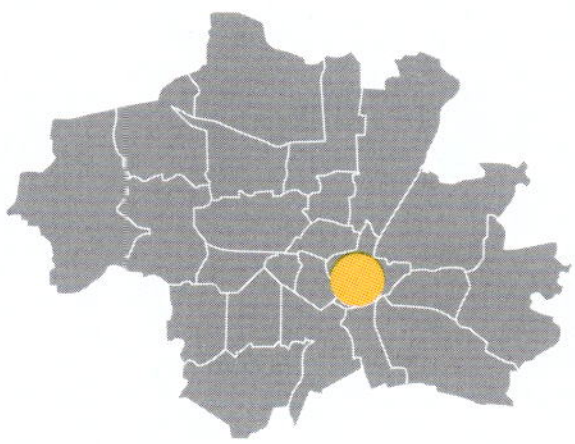

BIERGARTEN

50 Plätze Bedienbereich

BIER

Augustiner Bier

SPEZIALITÄTEN

Handgemachte Wirtshausklassiker und abwechslungsreiche saisonale Speisen

ÖPNV

U Tram BUS

U1/2 Kolumbusplatz oder
Tram 18 Mariahilfplatz oder
Bus 52 bis Falkenstraße

PARKEN

In den umliegenden Straßen

RAD

Unweit des Isarradweges zwischen Reichenbach- und Corneliusbrücke

Neu gedacht hat das Betreibertrio um Harald Bernkopf mit seinem Team das altehrwürdige Wirtshaus.

Hofbräukeller

Ende des 18. Jahrhunderts entstand der traditionsreiche Hofbräukeller als Bierdepot außerhalb der Stadtmauer.

Im Hofbräukeller kann man es sich unter lauschigen Kastanien gemütlich machen.

Wer schon einmal auf der Wiesn war, der kennt auch die Familie Steinberg. Die Wirtsfamilie vom Hofbräukeller führt neben dem Biergarten auch das berühmte Hofbräu-Festzelt auf der Wiesn.

Hinter der historischen Fassade des Hauptgebäudes, stehen dicht bewachsen herrlich Kastanien und geben dem Hofbräukeller seinen heimeligen Charakter.

Nicht ohne Grund steht der Biergarten am Isarhochufer. Dieses Hochufer erwies sich Ende des 18. Jahrhunderts als idealer Standort um Bierkeller in den Sandstein zu graben. Die nahegelegene Isar versorgte die Keller im Winter mit Stangeneis. Unterstützt durch den Schatten der Kastanien blieb das Bier bis in den Sommer kühl. So entstanden die Biergärten und die Stadtbewohner kommen heute, wie damals in den Hofbräukeller um sorgenfreie Stunden bei einem kühlen Bier zu erleben.

BIERGARTEN
1600 Plätze Selbstbedienung
400 Plätze Bedienbereich

Neu ab diesem Jahr: Eine Sommer Bar im Biergarten!

SPIELPLATZ
Mit Kletterturm, Rutsche und Sandkasten

BIER
Hofbräu

SPEZIALITÄTEN
Deftige bayerische Küche, wie sich´s gehört; zu empfehlen sind besonders Flammkuchen und Steckerlfisch. Mandelhütte mit allem, was das Naschkatzen-Herz begehrt.

Anschrift

Hofbräukeller am Wiener Platz
Innere Wiener Straße 19
81667 München

www.hofbraeukeller.de
089 45 99 25-0

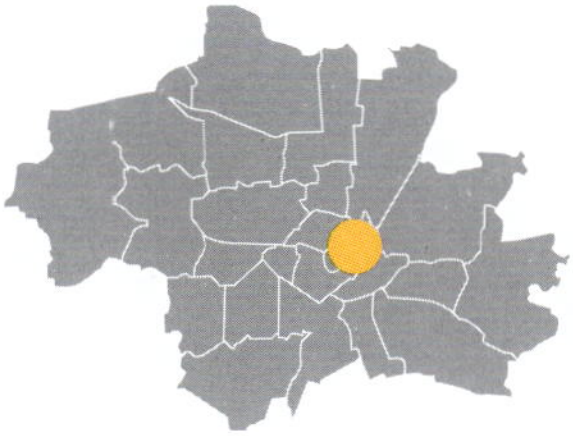

ÖPNV
U4/U5, Tram 25/37, Bus 155/9410 bis Max-Weber-Platz
Tram 19/21 bis Maximilianeum und kurzer Fußweg durch die Sckellstraße

PARKEN
Öffentliches Parkhaus; für Gäste € 1,00 statt € 3,00 pro Stunde

RAD
Zahlreiche Radwege aus dem Englischen Garten und an der Isar entlang führen direkt an den Fuß des Hofbräukellers.

Das heutige Gebäude des Hofbräukellers wurde 1892 errichtet.

Paulaner Bräuhaus

Das Paulaner Bräuhaus lockt mit hausgebrauten Bieren und bajuwarischen Leckerbissen.

Mitten in München ist der Biergarten des Paulaner Bräuhaus.

Das Paulaner Bräuhaus ist ein ganz besonderes Schmakerl für Bierfans. Hier kann man sich in mitten der kupferfarbenen Braukessel ein gemütliches Platzerl zum verweilen suchen. An Brautagen wird das Bräuhaus an der Kapuzinerstraße mit einem atemberaubenden Duft geflutet. Und wer ganz genau wissen will, wo der Duft her kommt, kann selbst verständlich auch eine Führung vor Ort machen.

Die selbst gebrauten Biere reichen von den eher klassischen Sorten wie dem Zwickl und der Bräuhaus Weisse bis hin zu saisonalen Spezialitäten wie Pale Ale und Whiskey Bock. Die Essenskarte steht der Bierauswahl in nichts nach. Das Simmetaler Ochsenfilet in Cognac-Pffersoße mit Ringelbete und Bockbierkrapfen, welches die Autoren beim letzten Besuch verköstigt haben, war ein wahrer Gaumenschmauß.

Ein prachtvolles Sudhaus mitten im Bräuhaus. Mit etwas Glück hat der Braumeister kurz Zeit für einen Plausch.

Anschrift

Paulaner Bräuhaus
Kapuzinerplatz 5
80337 München

www.paulaner-brauhaus.de
089 544 61 10

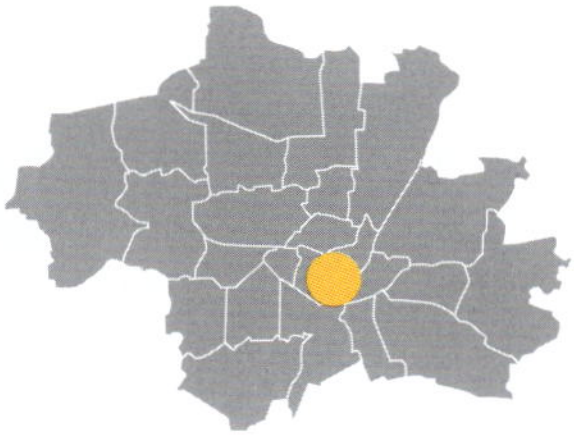

BIERGARTEN
600 Plätze Selbstbedienung
200 Plätze Bedienbereich

SPIELPLATZ
Kleiner Spielplatz vorhanden

BIER
Hausgebrautes Bier

SPEZIALITÄTEN
Hausgebrautes Zwickl, Lugeder Ente, Brotzeitdaube

ÖPNV U BUS
Bus 58/68 bis Kapuzinerplatz / Agentur für Arbeit
U3, U6 bis Goetheplatz und ca. 5 Min. / 400 m Fußweg

PARKEN
In den umliegenden Straßen

RAD
Radweg an der Kapuzinerstraße, lediglich 500 m zum Isarradweg an der Wittelsbacher Brücke

Selbst gebraut und frisch gezapft – so schmeckt Bier am besten.

Harlachinger Einkehr

In diesem gemütlichen Familienbetrieb erleben Sie Urwaldgeräusche und Biergartenschmankerl, die es sonst nirgendwo gibt.

Hier kehren die Einwohner der Landeshauptstadt bereits seit dem Jahre 1858 ein.

Drei Generationen, ein Biergarten: Wer in der Harlachinger Einkehr durch die Türe geht, spürt sie sofort, diese familiäre Herzlichkeit, mit der die Gäste aufgenommen werden. Hier auf dem Hochufer der Isar auf Höhe des Thalkirchner Zoos scheint die Welt noch in Ordnung: kein Stress, keine Hektik. Nur ab und an ertönt das Trompeten der Elefanten oder ein kleiner Tumult aus dem Affenhaus. Wie es sich für einen echten Biergarten gehört, darf auch hier die Brotzeit selbst mitgebracht werden.

Das Logo ist Programm und zeigt die Verbundenheit mit dem nahegelegenen Zoo.

Bereits ab Januar sitzen die ersten Gäste auf der windgeschützten Sonnenterrasse und genießen die stärker werdende Sonne und die angenehme Ruhe. Zwei Tipps für Sparfüchse: In der Harlachinger Einkehr gibt es Weißwürste in der Weißwurstzeit und die Happy Maß von 16 bis 18 und ab 22 Uhr zum Sonderpreis.

ÖPNV

Tram 25 bis Tiroler Platz. Alternativ Bus 52 bis Tierpark Alemannenstrasse.

PARKEN

Kleiner Parkplatz direkt vor dem Haus, ansonsten an der Straße

RAD

Auf dem Isarradweg auf Höhe Zoo abbiegen und den Anstieg aufs Hochufer nehmen

Anschrift

Harlachinger Einkehr
Karolingerallee 34
81545 München

www.harlachinger-einkehr.de
089 642 090 93

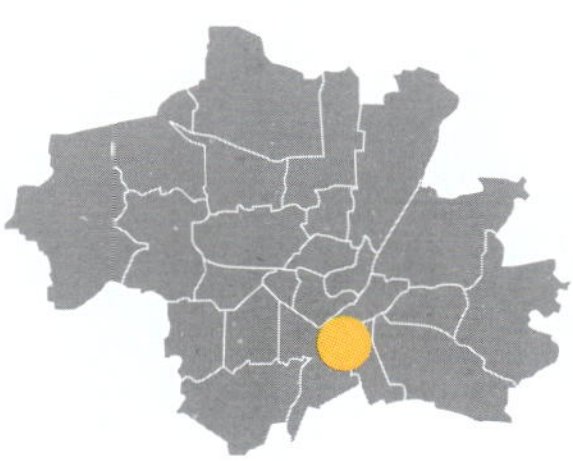

BIERGARTEN

800 Plätze Selbstbedienung
200 Plätze Bedienbereich

BIER

Augustiner

SPIELPLATZ

Gut einsehbarer Spielplatz mit Trampolin

SPEZIALITÄTEN

Spareribs, Steckerlfisch und weitere Biergartenklassiker, außerdem abwechslungsreiche Specials wie Tafelspitz und Ente.

Gasthof Hinterbrühl

Von vorne Gutshaus, von hinten Biergarten: Der Gasthof Hinterbrühl in den südlichen Isarauen vereint Tradition und Stil.

In Hinterbrühl treffen junge Münchner, Familien und Urlauber auf bayerische Tradition.

Das sanfte Geräusch von einem Paddel im Wasser ist die perfekte Geräuschkulisse für eine Maß Hacker-Pschorr.

Dank der beeindruckenden Lage an der Isar im Süden von München, bietet der Gasthof Hinterbrühl seinen Gästen jeden Tag ein schönes Schauspiel. Ganz im Landhausstil gehalten, wirkt der Biergarten mit seinen urigen Bänken wie eine gekonnte Mischung aus traditionellen Akzenten und historischen Highlights.

Der Biergarten ist auch für Familien ein echtes Highlight.

Die Isarflößer, aus Wolfratshausen kommend, passieren den Biergarten am Ende ihres Fahrtweges.

Es gibt einen Streichelzoo der Kinder begeistert und einen eingezäunten Spielplatz mit Trampolin.

Tipp: Wer sich die Beine vertreten möchte, der kann sich auf den Weg zum Hinterbrühler See machen. Hier erstreckt sich ein besonders beeindruckendes Naturschutzgebiet.

ÖPNV U BUS S

S7 bis Solln oder U3 bis Thalkirchen und Bus 135 bis Hinterbrühl

PARKEN

Reichlich Parkgelegenheiten

RAD

Der Radweg an der Isar führt fast vor dem Haus vorbei. Zudem gibt es einen Radlparkplatz.

Anschrift

Gasthof Hinterbrühl
Hinterbrühl 2
81479 München

www.gasthof-hinterbruehl.de
089 794 494

BIERGARTEN

1000 Plätze Selbstbedienung
350 Plätze Bedienbereich

BIER

Hacker-Pschorr und Paulaner

SPEZIALITÄTEN

Gut bayerisch – alles, was es im Biergarten eben geben sollte

SPIELPLATZ

Zwei große Spielplätze mit allem, was das Kinderherz begehrt sowie ein Streichelzoo

Waldwirtschaft

Jazzbiergarten mit Historie: Hier nahm die berühmte Biergartenrevolution ihren Anfang.

Bei gutem Wetter spielt täglich eine Jazzband im Biergarten

Die WaWi – wie die Waldwirtschaft von den Einheimischen und den Zuagroasten liebevoll genannt wird – zählt zu den Münchner Institutionen in Sachen Biergarten.

So ist das Gasthaus weit über die Grenzen der bayerischen Landeshauptstadt hinaus bekannt und war Mitte der 1990er-Jahre sogar das Epizentrum der Biergartenrevolution, bei der rund 25.000 Münchner für den Erhalt der bajuwarischen Kultur kämpften – mit Erfolg. Es ging um nicht weniger als den Erhalt der Freiluftschenken bis nach 21 Uhr.

Im Sommer treibt es die Münchner auf der Suche nach Erholung fernab des Großstadttrubels das Isartal hinauf zur WaWi. Hier treffen sich am Hochufer der Isar bei Jazzmusik Familien, Singles, Feinschmecker, Prominente, Radlergruppen.

Die Waldwirtschaft hat übrigens ganzjährig geöffnet und ist aufgrund ihrer Vielseitigkeit und ihres reizvollen Ambientes beliebt für Veranstaltungen.

WaWi spezial: Brennt im Sommer die Sonne, legt sich ein kühlender feiner Wassernebel über den Biergarten.

Anschrift

Waldwirtschaft Großhesselohe
Georg-Kalb-Straße 3
82049 Pullach

www.waldwirtschaft.de
089 749 940 30

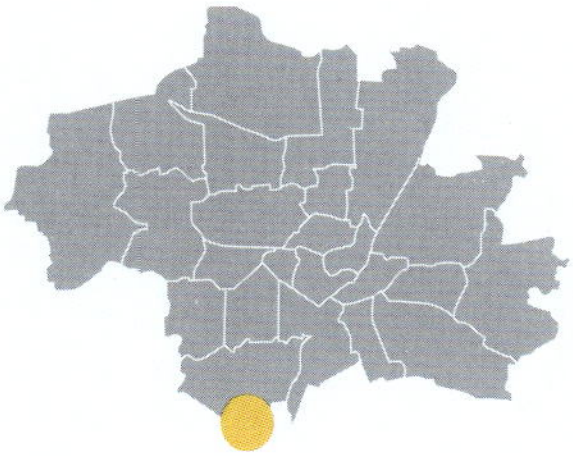

BIERGARTEN
2500 Plätze Selbstbedienung
240 Plätze Bedienbereich

SPIELPLATZ
Teilweise kostenpflichtiger Spielplatz mit Schiffschaukel, Minigolf, Trampolin und Kletterhaus

BIER
Spaten

SPEZIALITÄTEN
Viele Essensstandl mit breiter und gehobener Auswahl

ÖPNV S
S7/S20 bis Großhesselohe-Isartalbahnhof und ca. 12 Min. / 1 km Fußweg

PARKEN
200 Parkplätze kostenpflichtig, mit 10 Parktickets bekommen Sie eine Maß gratis

RAD
Ca. 4 km südlich vom Zoo (andere Isarseite) am Isarhochufer entlang

Waldgasthof Buchenhain

Es gibd nix Bessas ois wia wos Guads!

Herrlich gelegen im Grünen, der Waldgasthof Buchenhain

Idyllisch liegt der Biergarten im Grünen vor den Toren Münchens am Hochufer der Isar – keineswegs ab vom Schuss. Mit einer kleinen Wanderung bzw. einer Radltour entlang der Isar, dem Römerweg bei Pullach oder dem Münchner Jakobsweg, ist der Biergarten gut zu erreichen. Sportmuffel können natürlich auch per S-Bahn anreisen.

Eine Köstlichkeit sind die Schmalznudeln. Dazu ein kühles Bier – auf Wunsch auch ganz traditionell aus dem Steinkrug – und es bleiben keine Begehrlichkeiten mehr offen.

Sportliche Gäste können den Besuch im Waldgasthof Buchenhain mit einer Portion Action im natürlichen Klettergarten hinterm Haus kombinieren. Die Kinder bekommen am Wildschweingehege im gegenüberliegenden Forstenrieder Park und bei der Hüpfburg im Garten große Augen. Ein Ausflug in den Waldgasthof Buchenhain hat für die ganze Familie so einiges zu bieten.

Da läuft einem das Wasser im Mund zusammen. Leckere Spareribs gibt es im Waldgasthof Buchenhain.

Anschrift

Waldgasthof Buchenhain
Am Klettergarten 7
82065 Baierbrunn

www.hotelbuchenhain.de
089 744 88 40

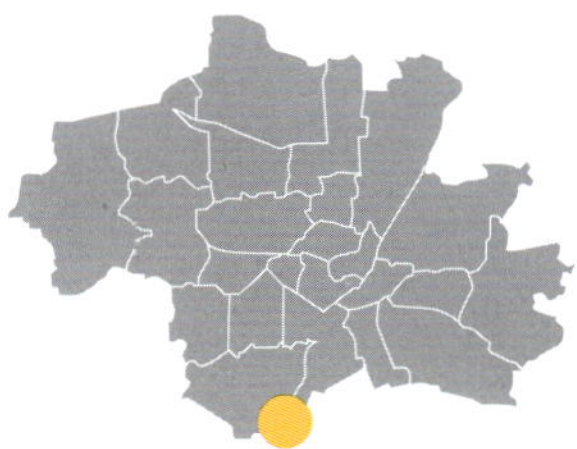

BIERGARTEN

600 Plätze Selbstbedienung
200 Plätze Bedienbereich

SPIELPLATZ

Hüpfburg, Spielwiese, Fußballtore, Hüpfbälle

SPEZIALITÄTEN

Auf Wunsch Bier im Steinkrug, Spareribs, Makrele, Dry aged aus dem Big Green Egg, Hendl vom Grill.

BIER

Hofbräu

ÖPNV

S7 bis Buchenhain Haltestelle der früheren „Isartalbahn" und ca. 3 Min. / 240 m Fußweg

PARKEN

Große Parkfläche direkt am Haus, kostenfrei

RAD

Am Isarradweg, am Römerweg oder am Isarhochufer entlang zwischen Pullach und Baierbrunn

In Waldgasthof gibt es viele Veranstaltungen, teils mit Livemusik. Alle Termine finden Sie auf der Webseite.

Königlicher Hirschgarten

Das Restaurant und der Biergarten sind ein Münchner Aushängeschild mit Tradition – und Speisen aus aller Welt.

Der größte Biergarten der Welt ist der Münchner Hirschgarten.

Maßkrug seiba hoin' heißt es hier – und das bereits seit 1790. Seither gehört es im eigens von Kurfürst Carl Theodor angelegten Hirschgarten zu den Pflichten eines jeden Biergartenbesuchers, sich seinen leeren Maßkrug selbst mitzubringen oder aus den Maßkrugschränken zu holen und ins kalte Wasser zu tauchen. Denn ohne Krug kein Augustiner.

Rund 8000 Gäste finden in diesem Biergarten nahe des Münchner Zentrums ihren Platz. Wenn sich der Tag dem Ende neigt und sich der Glanz der Abendlichter in den Baumwipfeln reflektiert, wird dieser Biergarten zu einer Kathedrale des bayerischen Lebensgefühls. Inmitten dieser Masse von Leuten, im größten Biergarten der Welt, ist es für Einheimische wie Zuagroaste ein wahres Erlebnis, die Münchner Lebensfreude zu zelebrieren.

Der Hirschgarten ist auch im Winter ein Besuch wert. Von mitte November bis März kann man hier Eisstockschießen.

Im Hirschgarten gibt es das Bier noch aus den guten alten 200l Holzfass. Diese werden übrigens traditionell "Hirschen" genannt.

Anschrift

Königlicher Hirschgarten
Hirschgarten 1
80639 München

www.hirschgarten.de
089 179 991 19

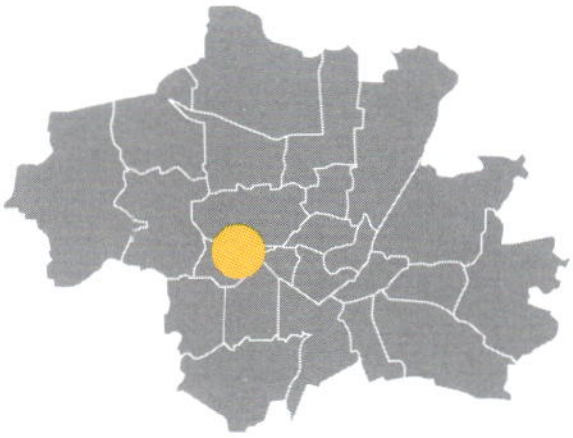

BIERGARTEN

7000 Plätze Selbstbedienung
1000 Plätze Bedienbereich

SPIELPLATZ

Das Kettenkarussell, der umliegende Park und das Wildgehege sorgen für Freude bei Kindern.

SPEZIALITÄTEN

Gr. Brezn von der Bäckerei Piller, Steckerlfisch, Schweinshaxn, Obazda und Auszogne, Hendl, Spareribs

BIER

Augustiner vom Holzfass

ÖPNV

BUS Tram S

S1-8 bis Laim oder Hirschgarten und ca. 15 Min. Fußweg
Tram 12 bis Romanplatz
Tram 16/17 bis Kriemhildenstr.
Bus 51/151 bis Hirschgartenallee

PARKEN

Kleiner Parkplatz neben dem Haus sowie in den umliegenden Straßen

RAD

Radwege entlang der Arnulf- und Fürstenrieder Straße

April bis Oktober gibt es jeden Sonntag Frühschoppen mit Blasmusik und Di + Do. Dämmerschoppen von 17-21 Uhr. November bis Anfang März weichen die Musikanten der Eisstockanlage.

Waldheim

Heimische Biergartenklassiker und moderne bayerische Interpretationen aus frischen Produkten aus dem direkten Umland.

Der weiß-blaue Maibaum vor dem charakteristisch gelben Waldheim.

Feste feiern kann man im Waldheim im Heimatsaal mit Barbereich und Terrasse.

Idyllisch und a bisserl versteckt liegt der traditionsreiche Biergarten vom Waldheim, am grünen Rand von Großhadern. Unter lauschigen Kastanien bei einer kühlen Maß Hacker-Pschorr lässt man die Seele baumeln, trifft sich mit Freunden oder der Familie.

Darüber hinaus kann man im Waldheim Feste, vor allem Hochzeiten, mit bis zu 250 Personen feiern.

Spareribs, Schweinsbraten, Kässpatzen und der Waldheim-Bazi sind einige der Angebote, die jeden Hunger besiegen. Wichtig ist dem Pächter Thomas Winkler

Im Heimatrausch kann im "privaten" Biergarten gefeiert werden.

abwechslungsreiches Essen mit herzhaften Gerichten und vielen fleischlosen Alternativen anzubieten. Hervorzuheben ist die lokale Herkunft der Zutaten aus Bayern. So bezieht das Waldheim alle Gemüse, Backwaren sowie Fleisch- und Molkereiprodukte aus dem Freistaat Bayern.

ÖPNV U BUS

U3 bis Fürstenried West oder U6 bis Großhadern, weiter mit Bus 56 bis Zöllerstraße oder U6 bis Klinikum Großhadern, weiter mit Bus 269 bis Zöllerstraße

PARKEN

Parkplätze vor dem Haus

RAD

Radweg Sauerbruchstraße oder über Wege im Fürstenrieder Wald.

Anschrift

Waldheim
Waldheim 1
81377 München-Großhadern

www.waldheim.de
089 71 60 65

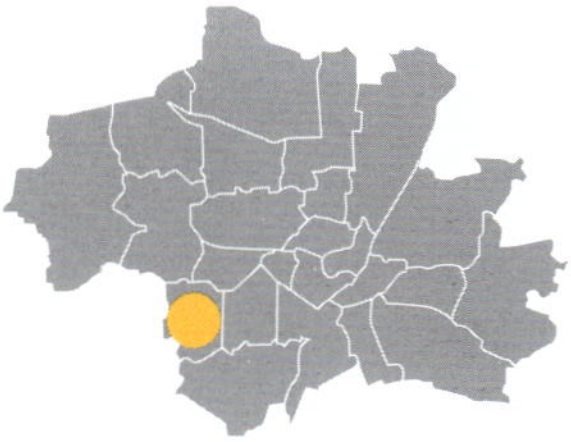

BIERGARTEN

2500 Plätze Selbstbedienung

BIER

Hacker Pschorr

SPEZIALITÄTEN

Spareribs, hausgemachte Kässpatzen, Schweinsbraten, Steckerlfisch, an besonders schönen Tagen gibt es Spanferkel frisch vom Grill und Live Musik.

SPIELPLATZ

Spielplatz mit kleinerer Kletterburg, Mehrkindschaukel mit bayerischem Muster, Wackeltiere und jeder Menge Sand.

Alter Wirt Krailling

Ob mit dem Motorrad, Fahrrad oder zu Fuß: Den ausflugsbegeisterten Münchnern sind das Würmtal und der Alte Wirt ein Begriff.

Bereit zum Platznehmen: Auf geht's!

Der direkt an der Würm gelegenene Kraillinger Traditionsbiergarten wurde vor rund zehn Jahren von der Augustiner Brauerei renoviert und bietet seinen Gästen seitdem in tradionellem Glanz einen idyllischen Platz zur Erholung und Stärkung – samt kühlem Hellen und einer herzhaften Brotzeit.

In dem selbstverständlich standesgemäß mit Kastanien bepflanzten Biergarten treffen sich jung und junggebliebene aus der bayerischen Landeshauptstadt und dem Umland zum Plausch. Für das leibliche Wohl sorgt die breite Auswahl an gutbürgerlichen und internationalen Speisen. Sonderaktionen wie Burger- oder Salatwochen sorgen zudem für eine abwechslungsreiche Küche. Knurrt der Magen also auf einer Radtour an den Starnberger See und verlangt nach einer ordentlichen Brotzeit und einer Maß Bier, lohnt sich ein Einkehrschwung beim Alten Wirt ungefähr auf halber Strecke auf jeden Fall.

Der Alte Wirt liegt auf dem Radlweg zum Starnberger See.

Anschrift

Alter Wirt Krailling
Margaretenstraße 31
82152 Krailling

www.alterwirtkrailling.de
089 891 984 44

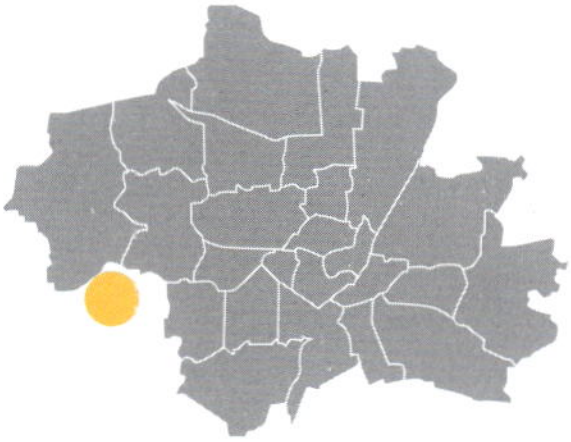

BIERGARTEN
380 Plätze Selbstbedienung
180 Plätze Bedienbereich

SPIELPLATZ
Spielplatz mit Sandkasten

BIER
Augustiner, ab 17 Uhr vom Holzfass

SPEZIALITÄTEN
Traditionell: Baby Ribs, hausgem. Obazda und Tellersülze, Krustenbraten, wechselnde Tagesgerichte

PARKEN
Etwa 15 Parkplätze am Haus, ansonsten in den Nebenstraßen

ÖPNV BUS S
S6 bis Planegg, weiter mit Bus 966, 967 bis Krailling, Margaretenstraße

RAD
Der Alte Wirt liegt auf einer beliebten Radltour durchs Würmtal nach Starnberg und zurück; Radlparkplatz am Eingang vom Biergarten.

Alte Villa Utting

Privilegiert am Ufer des Ammersees gelegen, genießen die Besucher den Blick auf die anmutige oberbayerische Landschaft und den See.

Prächtige Bäumen am Ufer des Ammersee, ein wahrlich privilegierter Plazt für eine Biergarten.

Die Alte Villa in Utting ist genau einer dieser Orte, an denen die Münchner im Sommer ihre Entspannung finden. Es gibt nichts besseres, als an einem heißen Sommertag raus an die Seen zu fahren, sich ein Segelboot auszuleihen und mit Freunden den Tag zu genießen. Nach dem Anlegen gehört natürlich ein Besuch in der Alten Villa dazu. Die direkt am Seeufer gelegene herrliche Villa lädt mit ihrem Blick auf den Ammersee die Einheimischen, Urlauber und Segler gleichermaßen zum Verweilen ein. Dort gibt es eine bayerische Brotzeit zusammen mit einer Maß König Ludwig und der Tag findet ein gebührendes Ende. Seit letzem Jahr steht der Biergarten unter neuer Leitung und es gibt am Wochendende immer live Jazz- oder Blasmusik. Wer Nach dem Biergarten noch genügend Energie und Mut aufbringt, kann im 5 Minuten entfernt gelegenen Klettergarten sein Können unter Beweis stellen.

Abends hat es eine wunderbare Stimmung im Biergarten.

Anschrift

Alte Villa Utting
Seestraße 32
86919 Utting am Ammersee

www.alte-villa-utting.de
08806-3339350

BIERGARTEN
1000 Plätze Selbstbedienung

SPIELPLATZ
Direkt daneben mit Schaukeln, Rutsche, Sandkasten, und Kletterhaus

BIER
König Ludwig Brauerei

SPEZIALITÄTEN
Schlachtfrische Hendl, Steckerlfisch uns Schweinshaxn am Wochenende

ÖPNV
S4 bis Geltendorf dann mit der RB 67 (fährt Augsburg Hbf - Geltendorf S4 - Weilheim - Schongau) bis Utting am Ammersee

PARKEN
400 Parkplätze in unmittelbarer Nähe

RAD
Radweg um den Ammersee führt direkt am Biergarten vorbei

Im Sommer tummeln sich hier Einheimische, Badegäste und Segler.

Seehaus Schreyegg

Wie bei seinem Münchner Pendant: Die Bierbankgarnituren stehen fast direkt bis ans Wasser.

Der Biergarten liegt nur einen kurzen Einkehrschwung von der A96 (München – Lindau) entfernt.

Das vielseitige Traditionsrestaurant, das auch Hochzeiten, andere Familienfeiern und die unterschiedlichsten Events ausrichtet, ist ein bekannter kulinarischer Anziehungspunkt direkt am Ammersee – mit traumhaftem Seeblick und Bergpanorama. Im abwechslungsreichen, gehobenen Ambiente der Gasträume, der Seeterrasse und des großen Biergartens werden die Gäste von nah und fern mit kulinarischen Spezialitäten und regionalen Schmankerln verwöhnt. Leckere Cocktails kann man auch in der exklusiven Bar & Lounge genießen.

Und hier noch ein echter Geheimtipp zur Anreise: Wenn man mit der S-Bahn nach Herrsching fährt, erreicht man das Seehaus Schreyegg per Schifffahrt über den Ammersee. Da steht einer Maß – oder mehreren – nun wirklich nichts mehr im Wege!

Bayerisch für Anfänger **Dampfnui** Hefekloß, boshaft für übergewichtige Menschen

BIERGARTEN
600 Plätze Selbstbedienung
200 Plätze Bedienbereich

BIER
Hacker-Pschorr

SCHANKZEITEN
Mo–So 11:30–21:30 Uhr
Auf der Webseite ist stets die Information, ob der Biergarten wetterbedingt geöffnet oder geschlossen ist.

SPEZIALITÄTEN
Steirischer Wurstsalat mit Kürbiskernöl, Obazda, hausgemachte Fleischpflanzerl und Zauners-Lachspflanzerl nach eigener Rezeptur!

Anschrift
Seehaus Schreyegg
Landsberger Straße 78
82266 Inning am Ammersee

www.seehaus-schreyegg.com
08143 99 25 37

ÖPNV
S8 bis Herrsching, weiter mit Bus 921 bis Stegen

PARKEN
Ausreichend Parkplätze vorhanden

RAD
Gut mit dem Rad zu erreichen

Romantische Abendstimmung am Nordufer des Ammersees

Fürstenfelder

„Wir verstehen was vom Sommer!" – Was das Motto verspricht, hält dieser Biergarten auch.

Eine frische Brezen kann nicht groß genug sein.

Mit der ersten Frühlingssonne wird der Bio-Biergarten „fürstenfelder" zum beliebten Ausflugsziel in Fürstenfeldbruck.
Man genießt die feinen Schmankerl aus der Bio-Küche oder die mitgebrachte Brotzeit, während sich die Kinder auf dem umzäunten Spielplatz austoben. Ganz ohne Zweifel: Hier mit Blick auf die imposante Klosterkirche und das liebevoll gepflegte Klosterareal zu sitzen, ist etwas ganz Besonderes! Wenn sich das barocke Ambiente unter der Abendsonne voll entfaltet, fühlt sich das wie Urlaub an. Das Kloster liegt in den Amperauen, sodass man den Biergartenbesuch bequem mit einem Spaziergang oder einer Radtour verbinden kann. Besonders malerisch ist der Abschnitt am Westufer der Amper über Buchenau nach Schöngeising; als Rückweg bietet sich ab dem Zellhof der Ammer-Amper-Radweg an.

BIERGARTEN
500 Plätze Selbstbedienung
100 Plätze Bedienbereich

SPIELPLATZ
Umzäunter Spielplatz vorhanden

BIER
Paulaner

Anschrift

Fürstenfelder Gastronomie & Hotel GmbH
Fürstenfeld 15
82256 Fürstenfeldbruck

081 418 887 54 10
fuerstenfelder.com | instagram.com/fuerstenfelder

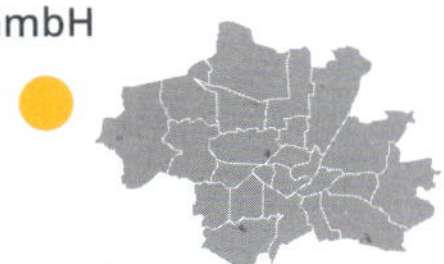

SPEZIALITÄTEN
Festes Angebot mit wechselnden Sommer-Spezialitäten

PARKEN
600 kostenfreie Parkplätze vor dem Haus (Zisterzienserweg)

ÖPNV S
S4 bis Fürstenfeldbruck, dann weiter mit X900, 815 oder 822 bis FFB, Fürstenfeld

RAD
Radweg in der Nähe: Ammer-Amper-Radweg

Auf dem Klostergelände finden das ganze Jahr über die unterschiedlichsten Veranstaltungen statt.

Prinzregent-Garten

Der herrschaftliche Garten mit nachbarschaftlicher Atmosphäre, lädt nach dem Badespass im Westbad auf ein kühles Helles.

„Mia san mia" – Münchner Lebensart in der Abenddämmerung

Den Prinzregent-Garten finden Besucher nicht, wie man vermuten würde, am Prinzregentenplatz, sondern im Münchner Stadtteil Pasing, direkt neben dem Westbad. Hier lässt sich der Badespaß im Sommer folglich herrlich mit einer kleinen Erfrischung im benachbarten Biergarten kombinieren. Rund 600 Gäste können hier unter den wuchtigen Kastanien dem stressigen Alltag entfliehen und den Tag in aller Ruhe ausklingen lassen.

Unter dem neuen Wirt ist der Biergarten besser als je zuvor. Wechselnde Specials wie z.B. selbstgemachte Cevapcici, Balkan und Bayerisch, sowie Bier und Aperol sorgen für Abwechslung und Genuss.

Im Prinzregent-Garten treffen sich vor allem Anwohner aus der Blumenau, Laim und natürlich aus Pasing. Hier machen sie dem gemütlichen Nachbarschaftsbiergarten alle Ehre. Und im Winter lädt die nagelneue Eisstockbahn, die Mitte November eröffnet wurde, zum Eisstockschießen ein.

Die Gartenschänke im Herzen Pasings

Anschrift

Prinzregent-Garten
Benedikterstraße 35
81241 München

www.prinzregentgarten.de
089 649 40889

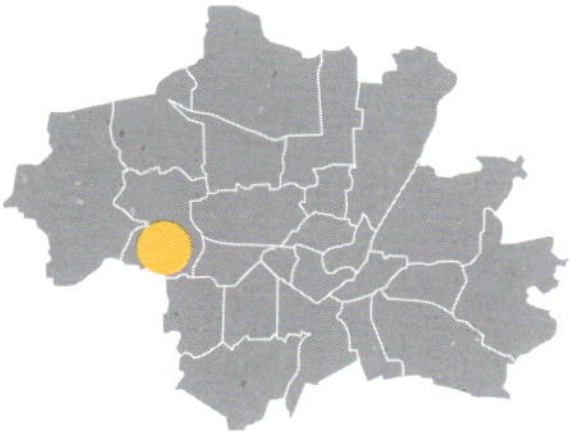

BIERGARTEN
450 Plätze Selbstbedienung
150 Plätze Bedienbereich

SCHANKZEITEN
Mo ab 17-23 Uhr
Di-So ab 11 – 23 Uhr

SPIELPLATZ
Gut einsehbarer großer Spielplatz, der neu gestaltet wurde

BIER
Kaltenberg

PARKEN
An der Straße und direkt am Haus

ÖPNV U BUS Tram S
S-Bahn bis Pasing und Bus 57 bis Benedikterstraße, U5 bis Laimer Platz oder Tram 19 bis Westbad und weiter mit Bus 57 bis Benedikterstraße

RAD
Der Radweg Weinbergerstraße führt direkt am Biergarten vorbei.

SPEZIALITÄTEN
Bayerisch meets Balkan: Wechselnde Specials wie z.B. selbstgemacht Cevapcici, Vegetarisch und sogar Vegan und Glutenfrei

Gemütlichkeit bei Tag und Nacht

Alter Wirt Moosach

Hier treffen sich Trachtler, Anzugträger und Familien zum gemütlichen Beisamensein.

So sieht der ideale Feierabnd aus: Radlermaß, Brotzeit und Sonne!

Ein Gewölbe aus Maßkrügen gibt im Alten Wirt. Tipp: Am besten einen füllen lassen!

Es gibt in München mehrere Biergärten und Restaurants, welche „Alter Wirt„ im Namen Tragen. Der Alte Wirt in Moosach trägt den Namen auf jeden Fall zurecht, da er bereits im Jahre 1442 das erste Mal urkundlich erwähnt wurde und begrüßt damit seit 576 Jahren seine Gäste. Damals war dies nicht eine simple Schänke oder Bierzapferei, sondern eine „Tafern", also ein besserer Gasthof mit Speisungs-, Tränkungs-, und Beherbergungsverpflichtung. Das Anwesen ist fest verwurzelt in Moosach.

Einladend sieht es im Biergarten aus. Da möchte direkt platz nehmen und ein kühles Helles genießen.

Der Biergarten ist im Sommer bestens geeignet, um das wilde Treiben der Moosacher zu beobachten. Im Winter ist die Almhütte der perfekte Ort für Glühwein und Maroni.

Seit mitte 2018 hat der Biergarten in Moosach mit Toni und Sanela Demirel ein neues Wirtepaar und heißt die Gäste herzlichst Willkommen.

ÖPNV U Tram BUS S

S1, U3, Bus 51/162/169/176/710/ X80 bis Moosach Bhf. oder Tram 20, X35 Bus 163 bis Pelkovenstr.

PARKEN

Parklätze vor dem Haus

RAD

Erreichbar über die städtischen Radwege

Anschrift

Alter Wirt Moosach
Dachauer Str. 274
80992 München

www.alterwirt-moosach.de
089 140 72 76

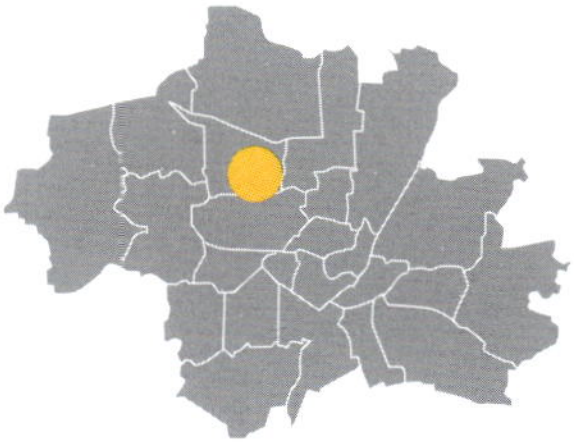

BIERGARTEN

400 Plätze Bedienbereich

BIER

Hofbräu Hell

SPIELPLATZ

Riesen Kreidetafel für Kinder

SPEZIALITÄTEN

Reichhaltig bayerische Küche wie Schweinebraten in Dunkelbiersoße, Münchner Tellerfleisch, kunsprige Bauernente

Die Wally

Seit 1914 genießen die Neuhausener hier eine süffige Maß Bier, inmitten des Concordia Parks.

Eine echte Bereicherung für Neuhausen - Die Wally

Gemütlich, friedvoll, bayerisch entspannt – so geht es auf dem Gelände der Wally zu. Die alten Kastanien im Biergarten spenden im Sommer wohltuenden Schatten und vertreiben in Kombination mit einem Maßerl etwaige trübe Alltagsgedanken.

Ein Blick auf die Speisekarte enthüllt sehr schnell: hier wird regional und saisonal gekocht. Das Fleisch kommt von der Metzgerei Klobeck, welche am Viktualienmarkt ansässig ist, der Kaffee von der Rösterei Fausto aus Giesing, um nur zwei Beispiele zu nennen. Dem Familienbetrieb liegt es am Herzen, dass hier alles mit viel Liebe und in Handarbeit zubereitet wird.

Wechselnde Tagesgerichte runden die Standardkarte ab. Genauso abwechslungsreich ist die Musik, welche am Freitag und Sonntag bei gutem Wetter gespielt wird. Die genauen Termine finden sich übrigens auf der Webseite.

Besonderes Schmankerl ist die kleinste Eisdiele der Welt, mit einem Gelato wie in Italien.

Ein Augenschmaus - und genauso gut schmeckt es auch.

Anschrift

Die Wally
Landshuter Allee 165
80637 München

089 720 16 766
www.die-wally.de

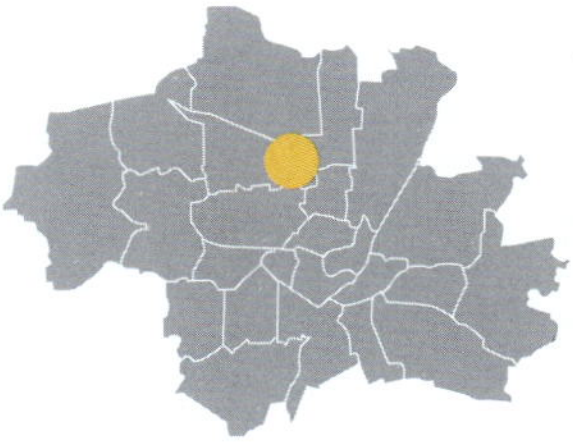

BIERGARTEN
400 Plätze Selbstbedienung
100 Plätze Bedienbereich

SCHANKZEITEN
Ganzjährig geöffnet. Ab November in der gemütlichen Wirtsstube und im Winterzelt.

SPIELPLATZ
Direkt beim Selbstbedienungs-bereich und gut einsehbar vom Bedienungsbereich.

RAD
Erreichbar über die Radwege an der Dachauer Straße und Landshuter Allee

ÖPNV U Tram BUS
U1/U7 bis Olympia-Einkaufszen-trum und ca. 11 Min. Fußweg, oder Tram 20/21 bis Olympiapark West und ca. 7 Min. Fußweg

SPEZIALITÄTEN
Hausgemachte Kuchen und Torten, Spareribs, regionale und saisonale Produkte. Traumhafter Kaiserschmarrn

PARKEN
Parkplätze direkt vor dem Bierg-arten. Einfahrt direkt vor der Aral-Tankstelle in der Landshuter Allee

BIER
Augustiner

Das Bamberger Haus

Kaiserlich-königliches Ambiente in Schwabing-West, mitten im grünen Luitpoldpark!

Liebevoll restauriert, grandioses barockes Ambiente, welches gerne für Feste genutzt wird.

Auf drei Etagen beherbergt die barocke Villa ein Alt-Wiener Spezialitäten-restaurant, einen romantischen Biergarten und einzigartige Veranstaltungsräume. Darüber hinaus befindet sich im Garten ein lichtdurchfluteter Bau aus Glas und Holz – „Ludwig´s Salettl". (Die Inneneinrichtung lehnt sich an das Restaurant mit Fischgrätparkett, Wand-vertäfelung und Lüstern an). Besonders zu empfehlen ist im Salettl der Kuchen aus Omas Rezeptbuch. Kulinarisch reicht die „kaiserlich-königliche Hofküche" des Bamberger Hauses von Österreich nach Ungarn, vom Bodensee bis zur Adria.

Die Themen ändern sich im Sommer und Winter. In den kalten Tagen verwandeln sich der Außenbereich in den „Winterzauber" mit Eisstockbahnen, Skigondeln, Schmankerlhüttn und jeder Menge Gaudi! Im Sommer erfrischt man sich mit feinem Augustiner Bier und verwöhnt den Gaumen mit Biergarten Spezialitäten aus der Region. Das vielseitige Gastronomie ist eine Traumkulisse für Hochzeiten und Feste aller Art.

O'zapft is... ein frisches Bier schmeckt im Bamberger Haus mitten im Luitpoldpark besonders gut.

Anschrift

Bamberger Haus
Brunnerstrasse 2
80804 München

www.bambergerhaus.com
info@bambergerhaus.de

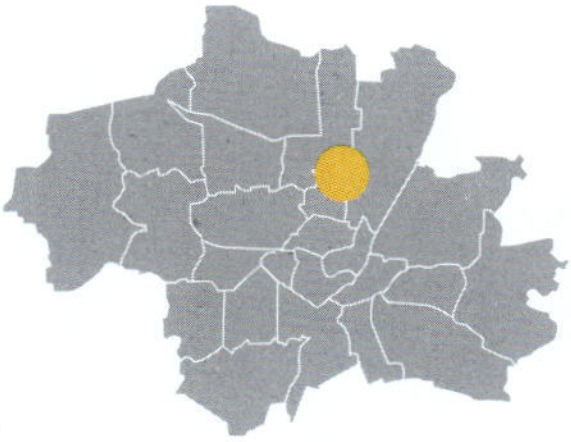

BIERGARTEN
800 Plätze Selbstbedienung
100 Plätze Bedienbereich

SPIELPLATZ
Umzäunter Kinderspielplatz

BIER
Augustiner

RAD
Radwege entlang der Schleißheimer Straße und^ durch den Luitpoldpark

ÖPNV U BUS Tram
U2/U3/U8, Bus 140/141/142/144 oder Tram 12/28 jeweils bis Scheidplatz und 6 Min. Fußweg durch den Luitpoldpark oder Tram 27 bis Gartenstraße und 4 Min. Fußweg

PARKEN
Problemlos vor dem Haus

SPEZIALITÄTEN
Mit regionalen Produkten und passionierter Kochkunst werden traditionellen Rezepten aus der Zeit der Doppelmonarchie Österreich-Ungarn neues Leben eingehaucht. Empfehlenswert: Wiener Schnitzel

Wintergarten am Elisabethmarkt

Ein kleines, charmantes Augustiner Wirtshäusl in Schwabing – ein Ort, um Leute zu studieren, zu sinnieren und zu pausieren.

Schwabinger Gemütlichkeit zwischen dem Markttrubel

Bier war in dieser Gaststätte ursprünglich ganz und gar nicht vorgesehen. Der Arzt und Alkoholabstinenzler Carl Brendel hat den Bau des „Milchhäusls" angeregt und persönlich darüber gewacht, dass jeden Morgen ab 5 Uhr Milch ausgegeben wurde. Schon damals machte er sich Sorgen um die Volksgesundheit und wollte vor allem die „Eindämmung des Völkergiftes Alkohol" bewirken.

Wie wir wissen, war der Erfolg seines Vorhabens zeitlich begrenzt – und so kann man heute im Wintergarten am Elisabethplatz, inmitten des Marktgeschehens, ein kühles Bier bestellen.

Der nach Kaiserin Elisabeth, besser bekannt als Sissi, benannte Platz beheimatet einen Dauermarkt für Lebensmittel und Blumen. Herrlich lässt sich hier das Treiben des Marktes und das Wuseln und Tummeln der Menschen beobachten.

Der Pavillon bietet eine herrliche Kulisse zum Verweilen.

Anschrift

Wintergarten am Elisabethmarkt
Elisabethplatz 4b
80796 München

www.wintergarten-schwabing.de
089 273 731 34

WIRTSGARTEN

300 Plätze Bedienbereich, Wirtsgarten, bitte keine eigenen Speisen mitbringen

SPIELPLATZ

Öffentlicher Spielplatz am Elisabethplatz

BIER

Augustiner

SPEZIALITÄTEN

Münchner Essen – Münchner Bier

ÖPNV

Tram 27/28 bis Elisabethplatz

PARKEN

An der Straße

RAD

Der Radweg Elisabethstraße kommt vom Olympiapark und führt über die Franz-Joseph-Straße in den Englischen Garten.

Das ehemalige Milchhäusl am Elisabethplatz im Herzen Schwabings

„GEMÜTLICHKEIT IST DIE RELATION VON ZEIT, BIER UND GELD“

Gerhard Polt

Die Gutscheine

So funktioniert der Gutschein:

Sie holen sich zwei Maß am Ausschank und gehen damit zur Kasse.
Dort bezahlen Sie eine der beiden Maß, die andere ist für Sie gratis.
Der Gutschein muss abgegeben werden und ist nur einmalig gültig.

Beide Maß müssen gleichzeitig gekauft werden und können nicht nacheinander erworben werden.

Nur für normales Helles oder Radler gültig, nicht für Weißbier oder Russenmaß und andere Getränke anwendbar.

Nicht mit anderen Rabattaktionen oder Gutscheinen kombinierbar.

Nur im Selbstbedienungsbereich des Biergartens zu verwenden wenn dieser geöffnet ist.

Werden Gutscheine im Wirtsgarten einglöst, bitte die Gutscheine vor der Bestellung vorzeigen.

Aufgrund des Wetters können die Öffnungszeiten von den angegebenen abweichen.
Biergärten sind nicht ganzjährig geöffnet.

Die Gutscheine sind bis 31.12.2024 gültig.

Index

Biergarten von Seite 44

Zum Fidschi

Bier Gutschein 2für1: Zwei Maß Helles zum Preis von einer

Gültigkeit:
Gutschein muss vor der Bestellung vorgezeigt werden. Nur im Selbstbedienungsbereich, **nicht im Bedienbereich oder Restaurant gültig!**
Nur für Helles oder Radler, nicht für Weizen oder andere Biere.
Nicht kombinierbar mit anderen Rabattaktionen oder Gutscheinen.
Nur gültig während der Biergartensaison 202 bei geöffnetem SB-Bereich.
Bei wetterbedingt geschlossenem Biergarten ist der Gutschein nicht einlösbar.

2024

Biergarten von Seite 46

Franziskaner Garten

Bier Gutschein 2für1: Zwei Maß Helles zum Preis von einer

Gültigkeit:
Gutschein muss vor der Bestellung vorgezeigt werden. Nur im Selbstbedienungsbereich, **nicht im Bedienbereich oder Restaurant gültig!**
Nur für Helles oder Radler, nicht für Weizen oder andere Biere.
Nicht kombinierbar mit anderen Rabattaktionen oder Gutscheinen.
Nur gültig während der Biergartensaison 2024 bei geöffnetem SB-Bereich.
Bei wetterbedingt geschlossenem Biergarten ist der Gutschein nicht einlösbar.

2024

Biergarten von Seite 48

Forschungsbrauerei

Bier Gutschein 2für1: Zwei Maß Helles zum Preis von einer

Gültigkeit:
Gutschein muss vor der Bestellung vorgezeigt werden.
Nur für Helles oder Radler, nicht für Weizen oder andere Biere.
Nicht kombinierbar mit anderen Rabattaktionen oder Gutscheinen.
Nur gültig während der Biergartensaison 2024 bei geöffnetem SB-Bereich.
Bei wetterbedingt geschlossenem Biergarten ist der Gutschein nicht einlösbar.

2024

Guten Freunden gibt man ein Bier!

Lass uns zusammen in den Biergarten gehen!

Wann:_______________________________

Wo:_________________________________

(Bitte ausfüllen und teilen)

MÜLLER
Bäcker seit 1930
Alles. Gut gemacht.
Breze. Gut gemacht.

MÜLLER
Bäcker seit 1930
Alles. Gut gemacht.
Breze. Gut gemacht.

MÜLLER
Bäcker seit 1930
Alles. Gut gemacht.
Breze. Gut gemacht.

MÜLLER
Bäcker seit 1930
Alles. Gut gemacht.
Breze. Gut gemacht.

Biergarten von Seite 50

Wirtshaus Leiberheim

Bier Gutschein 2für1: Zwei Maß Helles zum Preis von einer

Gültigkeit:
Gutschein muss vor der Bestellung vorgezeigt werden. Nur im Selbstbedienungsbereich, **nicht im Bedienbereich oder Restaurant gültig!**
Nur für Helles oder Radler, nicht für Weizen oder andere Biere.
Nicht kombinierbar mit anderen Rabattaktionen oder Gutscheinen.
Nur gültig während der Biergartensaison 2024 bei geöffnetem SB-Bereich.
Bei wetterbedingt geschlossenem Biergarten ist der Gutschein nicht einlösbar.

2024

Biergarten von Seite 52

Ayinger Bräustüberl

Bier Gutschein 2für1: Zwei Maß Helles zum Preis von einer

Gültigkeit:
Gutschein muss vor der Bestellung vorgezeigt werden. Nur im Selbstbedienungsbereich, **nicht im Bedienbereich oder Restaurant gültig!**
Nur für Helles oder Radler, nicht für Weizen oder andere Biere.
Nicht kombinierbar mit anderen Rabattaktionen oder Gutscheinen.
Nur gültig während der Biergartensaison 2024 bei geöffnetem SB-Bereich.
Bei wetterbedingt geschlossenem Biergarten ist der Gutschein nicht einlösbar.

2024

Zum Wofen

Bier Gutschein 2für1: Zwei Helle 0,5l zum Preis von einer

Gültigkeit:
Gültigkeit: **ACHTUNG Museum nur von 29.03.2024 bis 3.11.2024 geöffnet.**
Gutschein muss vor der Bestellung vorgezeigt werden.
Nur für Helles oder Radler, nicht für Weizen oder andere Biere.
Nicht kombinierbar mit anderen Rabattaktionen oder Gutscheinen.
Nur gültig während der Biergartensaison 2024 bei geöffnetem SB-Bereich.
Bei wetterbedingt geschlossenem Biergarten ist der Gutschein nicht einlösbar.

Biergarten von Seite 54

Zum Wofen

Bier Gutschein 2für1: Zwei Helle 0,5l zum Preis von einer

Gültigkeit:
Gültigkeit: **ACHTUNG Museum nur von 29.03.2024 bis 3.11.2024 geöffnet.**
Gutschein muss vor der Bestellung vorgezeigt werden.
Nur für Helles oder Radler, nicht für Weizen oder andere Biere.
Nicht kombinierbar mit anderen Rabattaktionen oder Gutscheinen.
Nur gültig während der Biergartensaison 2024 bei geöffnetem SB-Bereich.
Bei wetterbedingt geschlossenem Biergarten ist der Gutschein nicht einlösbar.

2024

MÜLLER
Bäcker seit 1930
Alles. Gut gemacht.
Breze. Gut gemacht.

MÜLLER
Bäcker seit 1930
Alles. Gut gemacht.
Breze. Gut gemacht.

MÜLLER
Bäcker seit 1930
Alles. Gut gemacht.
Breze. Gut gemacht.

MÜLLER
Bäcker seit 1930
Alles. Gut gemacht.
Breze. Gut gemacht.

Biergarten von Seite 56

Falke23

Bier Gutschein 2für1: Zwei Maß Helles zum Preis von einer

Gültigkeit:
Gutschein muss vor der Bestellung vorgezeigt werden.
Nur für Helles oder Radler, nicht für Weizen oder andere Biere.
Nicht kombinierbar mit anderen Rabattaktionen oder Gutscheinen.
Nur gültig während der Biergartensaison 2024 bei geöffnetem SB-Bereich.
Bei wetterbedingt geschlossenem Biergarten ist der Gutschein nicht einlösbar.

2024

Biergartenguide.com

Geburtstagsgeschenk!

Wir gehen auf eine Maß Bier in Biergarten!

Wenn eine Person, die du gern hast, Geburtstag hat, schenk ihr diesen Abriss, und ihr werdet eine gute Zeit haben!

Biergartenguide.com

MÜLLER
Bäcker seit 1930
Alles. Gut gemacht.
Breze. Gut gemacht.

MÜLLER
Bäcker seit 1930
Alles. Gut gemacht.
Breze. Gut gemacht.

Wenn der Nachbar bläd schaugt...

gibst eahm des Zetterl.

www. Biergartenguide.com

Bier-Gutschein in jedem Biergarten im Buch

Biergartenguide.com

Biergarten von Seite 62

Harlachinger Einkehr

Bier Gutschein 2für1: Zwei Maß Helles zum Preis von einer

Gültigkeit:
Gutschein muss vor der Bestellung vorgezeigt werden. Nur im Selbstbedienungsbereich, **nicht im Bedienbereich oder Restaurant gültig!**
Nur für Helles oder Radler, nicht für Weizen oder andere Biere.
Nicht kombinierbar mit anderen Rabattaktionen oder Gutscheinen.
Nur gültig während der Biergartensaison 2024 bei geöffnetem SB-Bereich.
Bei wetterbedingt geschlossenem Biergarten ist der Gutschein nicht einlösbar.

2024

Biergartenguide.com

Biergarten von Seite 64

Gasthof Hinterbrühl

Bier Gutschein 2für1: Zwei Maß Helles zum Preis von einer

Gültigkeit:
Gutschein muss vor der Bestellung vorgezeigt werden. Nur im Selbstbedienungsbereich, **nicht im Bedienbereich oder Restaurant gültig!**
Nur für Helles oder Radler, nicht für Weizen oder andere Biere.
Nicht kombinierbar mit anderen Rabattaktionen oder Gutscheinen.
Nur gültig während der Biergartensaison 2024 bei geöffnetem SB-Bereich.
Bei wetterbedingt geschlossenem Biergarten ist der Gutschein nicht einlösbar.

2024

Biergartenguide.com

Biergarten von Seite 66

Waldwirtschaft

Bier Gutschein 2für1: Zwei Maß Helles zum Preis von einer

Gültigkeit:
Gutschein muss vor der Bestellung vorgezeigt werden. Nur im Selbstbedienungsbereich, **nicht im Bedienbereich oder Restaurant gültig!**
Nur für Helles oder Radler, nicht für Weizen oder andere Biere.
Nicht kombinierbar mit anderen Rabattaktionen oder Gutscheinen.
Nur gültig während der Biergartensaison 2024 bei geöffnetem SB-Bereich.
Bei wetterbedingt geschlossenem Biergarten ist der Gutschein nicht einlösbar.

2024

Biergartenguide.com

APPETIT
AUF MEHR?
› taximünchen
Die Genossenschaft. Seit 1917.
TAXI
DAS BESTE KOMMT NOCH. IHR TAXI IN MÜNCHEN!

APPETIT
AUF MEHR?
› taximünchen
Die Genossenschaft. Seit 1917.
TAXI
DAS BESTE KOMMT NOCH. IHR TAXI IN MÜNCHEN!

APPETIT
AUF MEHR?
› taximünchen
Die Genossenschaft. Seit 1917.
TAXI
DAS BESTE KOMMT NOCH. IHR TAXI IN MÜNCHEN!

APPETIT
AUF MEHR?
› taximünchen
Die Genossenschaft. Seit 1917.
TAXI
DAS BESTE KOMMT NOCH. IHR TAXI IN MÜNCHEN!

Biergarten von Seite 68

Waldgasthof Buchenhain

Bier Gutschein 2für1: Zwei Maß Helles zum Preis von einer

Gültigkeit:
Gutschein muss vor der Bestellung vorgezeigt werden. Nur im Selbstbedienungsbereich, **nicht im Bedienbereich oder Restaurant gültig!**
Nur für Helles oder Radler, nicht für Weizen oder andere Biere.
Nicht kombinierbar mit anderen Rabattaktionen oder Gutscheinen.
Nur gültig während der Biergartensaison 2024 bei geöffnetem SB-Bereich.
Bei wetterbedingt geschlossenem Biergarten ist der Gutschein nicht einlösbar.

2024

Guten Freunden gibt man ein Bier!

Lass uns zusammen in den Biergarten gehen!

Wann:______________________________

Wo:________________________________
(Bitte ausfüllen und teilen)

Biergarten von Seite 72

Waldheim

APPETIT
AUF MEHR?
› taximünchen
Die Genossenschaft. Seit 1917.
TAXI
DAS BESTE KOMMT NOCH. IHR TAXI IN MÜNCHEN!

APPETIT
AUF MEHR?
› taximünchen
Die Genossenschaft. Seit 1917.
TAXI
DAS BESTE KOMMT NOCH. IHR TAXI IN MÜNCHEN!

APPETIT

Biergarten von Seite 74

Alter Wirt Krailling

Bier Gutschein 2für1: Zwei Maß Helles zum Preis von einer

Gültigkeit:
Gutschein muss vor der Bestellung vorgezeigt werden. Nur im Selbstbedienungsbereich, **nicht im Bedienbereich oder Restaurant gültig!**
Nur für Helles oder Radler, nicht für Weizen oder andere Biere.
Nicht kombinierbar mit anderen Rabattaktionen oder Gutscheinen.
Nur gültig während der Biergartensaison 2024 bei geöffnetem SB-Bereich.
Bei wetterbedingt geschlossenem Biergarten ist der Gutschein nicht einlösbar.

2024

Biergartenguide.com

Biergarten von Seite 76

Alte Villa Utting

Bier Gutschein 2für1: Zwei Maß Helles zum Preis von einer

Gültigkeit:
Gutschein muss vor der Bestellung vorgezeigt werden. Nur im Selbstbedienungsbereich, **nicht im Bedienbereich oder Restaurant gültig!**
Nur für Helles oder Radler, nicht für Weizen oder andere Biere.
Nicht kombinierbar mit anderen Rabattaktionen oder Gutscheinen.
Nur gültig während der Biergartensaison 2024 bei geöffnetem SB-Bereich.
Bei wetterbedingt geschlossenem Biergarten ist der Gutschein nicht einlösbar.

2024

Biergartenguide.com

APPETIT
AUF MEHR?
› taxi münchen
Die Genossenschaft. Seit 1917.
TAXI
DAS BESTE KOMMT NOCH. IHR TAXI IN MÜNCHEN!

APPETIT
AUF MEHR?
› taxi münchen
Die Genossenschaft. Seit 1917.
TAXI
DAS BESTE KOMMT NOCH. IHR TAXI IN MÜNCHEN!

Biergarten von Seite 92

Wenn der Nachbar bläd schaugt...

gibst eahm des Zetterl.

www. Biergartenguide.com

Bier-Gutschein in jedem Biergarten im Buch

Biergartenguide.com

APPETIT
AUF MEHR?
› taxımünchen
Die Genossenschaft. Seit 1917.
TAXI
DAS BESTE KOMMT NOCH. IHR TAXI IN MÜNCHEN!

Biergarten von Seite 80

Fürstenfelder

Bier Gutschein 2für1: Zwei Maß Helles zum Preis von einer

Gültigkeit:
Gutschein muss vor der Bestellung vorgezeigt werden. Nur im Selbstbedienungsbereich, **nicht im Bedienbereich oder Restaurant gültig!**
Nur für Helles oder Radler, nicht für Weizen oder andere Biere.
Nicht kombinierbar mit anderen Rabattaktionen oder Gutscheinen.
Nur gültig während der Biergartensaison 2024 bei geöffnetem SB-Bereich.
Bei wetterbedingt geschlossenem Biergarten ist der Gutschein nicht einlösbar.

Biergarten von Seite 82

Prinzregent-Garten

Bier Gutschein 2für1: Zwei Maß Helles zum Preis von einer

Gültigkeit:
Gutschein muss vor der Bestellung vorgezeigt werden. Nur im Selbstbedienungsbereich, **nicht im Bedienbereich oder Restaurant gültig!**
Nur für Helles oder Radler, nicht für Weizen oder andere Biere.
Nicht kombinierbar mit anderen Rabattaktionen oder Gutscheinen.
Nur gültig während der Biergartensaison 2024 bei geöffnetem SB-Bereich.
Bei wetterbedingt geschlossenem Biergarten ist der Gutschein nicht einlösbar.

Biergarten von Seite 84

Alter Wirt Moosach

Bier Gutschein 2für1: Zwei Maß Helles zum Preis von einer

Gültigkeit:
Gutschein muss vor der Bestellung vorgezeigt werden. Nur im Selbstbedienungsbereich, **nicht im Bedienbereich oder Restaurant gültig!**
Nur für Helles oder Radler, nicht für Weizen oder andere Biere.
Nicht kombinierbar mit anderen Rabattaktionen oder Gutscheinen.
Nur gültig während der Biergartensaison 2024 bei geöffnetem SB-Bereich.
Bei wetterbedingt geschlossenem Biergarten ist der Gutschein nicht einlösbar.

Geburtstagsgeschenk!

Wir gehen auf eine Maß Bier in Biergarten!

Wenn eine Person, die du gern hast, Geburtstag hat, schenk ihr diesen Abriss, und ihr werdet eine gute Zeit haben!

APPETIT AUF MEHR?
TAXI
› taxi münchen
Die Genossenschaft. Seit 1917.
DAS BESTE KOMMT NOCH. IHR TAXI IN MÜNCHEN!

APPETIT AUF MEHR?
TAXI
› taxi münchen
Die Genossenschaft. Seit 1917.
DAS BESTE KOMMT NOCH. IHR TAXI IN MÜNCHEN!

APPETIT AUF MEHR?
TAXI
› taxi münchen
Die Genossenschaft. Seit 1917.
DAS BESTE KOMMT NOCH. IHR TAXI IN MÜNCHEN!

APPETIT AUF MEHR?
TAXI
› taxi münchen
Die Genossenschaft. Seit 1917.
DAS BESTE KOMMT NOCH. IHR TAXI IN MÜNCHEN!

Biergarten von Seite 86

Die Wally

Bier Gutschein 2für1: Zwei Maß Helles zum Preis von einer

Gültigkeit:
Gutschein muss vor der Bestellung vorgezeigt werden. Nur im Selbstbedienungsbereich, **nicht im Bedienbereich oder Restaurant gültig!**
Nur für Helles oder Radler, nicht für Weizen oder andere Biere.
Nicht kombinierbar mit anderen Rabattaktionen oder Gutscheinen.
Nur gültig während der Biergartensaison 2024 bei geöffnetem SB-Bereich.
Bei wetterbedingt geschlossenem Biergarten ist der Gutschein nicht einlösbar.

2024

Biergartenguide.com

Biergarten von Seite 88

Bamberger Haus

Bier Gutschein 2für1: Zwei Maß Helles zum Preis von einer

Gültigkeit:
Gutschein muss vor der Bestellung vorgezeigt werden. Nur im Selbstbedienungsbereich, **nicht im Bedienbereich oder Restaurant gültig!**
Nur für Helles oder Radler, nicht für Weizen oder andere Biere.
Nicht kombinierbar mit anderen Rabattaktionen oder Gutscheinen.
Nur gültig während der Biergartensaison 2024 bei geöffnetem SB-Bereich.
Bei wetterbedingt geschlossenem Biergarten ist der Gutschein nicht einlösbar.

2024

Biergartenguide.com

Biergarten von Seite 90

Wintergarten am Elisabethmarkt

Bier Gutschein 2für1: Zwei Maß Helles zum Preis von einer

Gültigkeit:
Gutschein muss vor der Bestellung vorgezeigt werden.
Nur für Helles oder Radler, nicht für Weizen oder andere Biere.
Nicht kombinierbar mit anderen Rabattaktionen oder Gutscheinen.
Nur gültig während der Biergartensaison 2024 bei geöffnetem SB-Bereich.
Bei wetterbedingt geschlossenem Biergarten ist der Gutschein nicht einlösbar.

2024

Biergartenguide.com

Biergartenguide 2025 - auch im nächsten Jahr gibt es uns!

10% Rabatt beim Kauf des zweiten Buches mit Code "NoAmoi" auf unserer Webseite.

2025

Biergartenguide.com

APPETIT
AUF MEHR?
› taximünchen
Die Genossenschaft. Seit 1917.
TAXI
DAS BESTE KOMMT NOCH. IHR TAXI IN MÜNCHEN!

APPETIT
AUF MEHR?
› taximünchen
Die Genossenschaft. Seit 1917.
TAXI
DAS BESTE KOMMT NOCH. IHR TAXI IN MÜNCHEN!

APPETIT
AUF MEHR?
› taximünchen
Die Genossenschaft. Seit 1917.
TAXI
DAS BESTE KOMMT NOCH. IHR TAXI IN MÜNCHEN!

APPETIT
AUF MEHR?
› taximünchen
Die Genossenschaft. Seit 1917.
TAXI
DAS BESTE KOMMT NOCH. IHR TAXI IN MÜNCHEN!

"Der Mund eines glücklichen Mannes
ist mit Bier gefüllt."

- Aus Ägypten